油气田企业
工程监督工作手册

主 编◇赵国安　副主编◇焦亚军　胡百中

石油工业出版社

内 容 提 要

本书以油气田企业工程监督过程中的典型工作特点为基础，具体介绍了钻井、地质、测井、试油（井下）等工序、工况的工作流程和监督要点，为工程监督照单履责、提高技能、更好地开展工作提供了指导资料。

本书适用于油气田企业工程监督及有关专业人员进行学习培训，也可作为日常工作查询工具书。

图书在版编目（CIP）数据

油气田企业工程监督工作手册 / 赵国安主编．
北京：石油工业出版社，2025.3. -- ISBN 978-7
-5183-7197-6

Ⅰ．F426.22-62

中国国家版本馆 CIP 数据核字第 20247P44K9 号

出版发行：石油工业出版社
　　　　（北京安定门外安华里2区1号　100011）
　　　网　　址：www.petropub.com
　　　编辑部：（010）64222430　　图书营销中心：（010）64523633
经　　销：全国新华书店
印　　刷：北京中石油彩色印刷有限责任公司

2025 年 3 月第 1 版　2025 年 3 月第 1 次印刷
787×1092 毫米　开本：1/16　印张：8.25
字数：120 千字

定价：138.00 元
（如出现印装质量问题，我社图书营销中心负责调换）
版权所有，翻印必究

《油气田企业工程监督工作手册》编写组

主　编： 赵国安

副主编： 焦亚军　胡百中

委　员： 周　磊　马　良　周晓珉　唐培林　黄　程　汪韶雷
　　　　　唐　磊　王合安　柯　研　范　良　李乐乐　张益臣
　　　　　徐欢欢

编写人： 李建国　赵　雄　李文举　牛凯杰　李乐乐　雷　飞
　　　　　王　飞　董鹏飞　秦　奇　于路均　张琳婧　沈国龙
　　　　　鲁　磊　刘丽雯　陈素银　倪海龙　牛军帅　张盼锋
　　　　　蔡　军　杨　哲　张　强　朱梦茹　李国旗　崔文军
　　　　　李发智　李　涛　李　然　李君军　舒东楚　彭云晖

序 Foreword

"十三五"以来，习近平总书记站在新的历史方位，就安全生产工作作出了一系列重要指示批示，提出了一系列新思想、新观点、新思路，反复告诫要牢固树立安全发展理念，正确处理安全和发展的关系，坚持发展决不能以牺牲安全为代价这条红线。总书记就安全生产工作提出的"六大要点""十句硬话"及系列讲话等重要论述和指示，为我们抓好安全生产工作指明了前进方向、提供了根本遵循。2021年3月，《中华人民共和国刑法修正案（十一）》发布施行，同年9月《中华人民共和国安全生产法》发布施行，国家层面进一步强调了安全环保工作的定位、生产经营单位主体责任及"三管三必须"的直线责任，安全环保工作已成为企业有效益、可持续、高质量发展的根基。

在以习近平同志为核心的党中央正确领导下，中国石油天然气集团有限公司党组、各油气田企业高度重视QHSE工作，持续完善QHSE管理运行体系、建立健全QHSE责任监管机制，推进安全生产数智化建设，全力推进现代化国有企业安全生产发展。持续推进QHSE管理体系建设，形成了标准化的QHSE管理体系，成为强化安全与环境管理，实现安全发展、绿色发展、和谐发展，建设国际能源公司的重要保障。持续抓实"党政同责、一岗双责、齐抓共管、失职追责"的责任监管机制，形成全员重视安全、抓安全、管安全的良好局面。坚持本质安全、系统管理、数智提效的原则，持续推进"工业互联网+安全生产"等项目实施，通过数智化技术手段为安全生产监管工作赋能提效。

QHSE监督作为保障安全生产工作的重要力量，长期坚守生产一线，从勘探开发到产能建设、生产运行、后勤保障，不断地从设计方案、风险防控、设备设施、应急管理、人员履职及能力等方面，对企业的安全生产工作进行监督护航。在日常工作中，广大监督工作者不断地发现问题、协助解决问题，不断地推动企业及各单位、部门提升 QHSE 管理水平，在长期以来的现场实践中积累了丰富的经验，这些经验对企业来说，是一笔宝贵的财富，是企业夯实安全环保基础、培养优秀安全管理人才、实现长治久安的传承。

《油气田企业安全监督工作手册》《油气田企业工程监督工作手册》《油气田企业监督实践工作手册》是奔赴在一线的广大监督工作者结合监督工作实际，梳理监督过程中的标准规范、典型做法、问题图片、风险预警等形成的知识、经验汇编。该系列工作手册的出版，为广大 QHSE 工作者开展安全及监督工作、业务管理人员提升 QHSE 履职能力、新员工入场培训提供了有效的工具，是一套理论与实践结合的高质量丛书。

在国家持续繁荣昌盛、企业持续高质量发展的时代背景下，广大 QHSE 工作者要进一步认清面临的形势，持之以恒地为企业的安全平稳保驾护航。要不断学习新标准、新知识、新技能，结合现场实际，探索更为高效的 QHSE 管控模式，总结固化好的经验做法，为油田企业的有效益、可持续、高质量发展贡献智慧和力量。

前言

　　工程监督是油田公司作业现场的派驻代表，是 QHSE 监管的"眼睛"和重要抓手，在工程技术指导及井工程质量、井控、安全环保监管方面发挥着至关重要的作用。但工程监督来源广、能力参差不齐、个人工作习惯差异大、人员流动性大等因素，给公司工程监督管理工作带来了一定的难度和挑战。为了统一和规范工程监督工作标准，提高监督质量，促进工程监督深入、有效地开展工作，编写组依据相关法律法规、标准规范、规章制度，并结合多年来工程监督管理实践经验，编写了本书。

　　本书主要依据国家法规标准、中国石油天然气集团有限公司企业标准等相关管理制度、工程监督管理实践等编写而成，具体阐述了工程监督行为规范、"五应清单"、工作要求和现场监督工作流程，以及对钻井、地质、测井、试油（井下）等工序、工况的工作流程和监督要点，为工程监督照单履责、提高技能、更好地开展工作提供了指导资料。

　　希望各位工程监督牢记自身的责任和使命，不断学习本书的内容要求，充分掌握岗位职责、履职标准、业务技能、监督要点，严格按照工程监督工作程序和标准实施现场监督工作，有效发挥现场甲方代表作用。

工程监督六条禁令

第一条，严禁冒用他人资质或伪造资质上岗；

第二条，严禁未制订监督计划书进行监督工作；

第三条，严禁脱岗、怠岗、酒后上岗；

第四条，严禁原始记录、数据等资料造假；

第五条，严禁"吃、拿、卡、要"；

第六条，严禁迟报、瞒报 QHSE 事故事件。

注：违反以上禁令将纳入油田公司黑名单，并上报中国石油天然气股份有限公司勘探与生产工程监督中心取消股份公司工程监督服务资质。

工程监督人员日常行为十项规定

一、要规范监督劳保穿戴

劳保穿戴整洁得体，并做到"三紧"，即领口紧、袖口紧、下摆紧，严禁卷袖口、卷裤腿、着装混搭、着装不齐、着装不正确、工作服套在里面等现象。进入生产现场必须穿合格的劳保鞋，鞋带必须系紧、系好，任何人不得穿高跟鞋、网眼鞋、凉鞋、拖鞋等进入生产现场。佩戴安全帽时必须系紧下颌带，保证各种状态下不脱落；女士戴安全帽时必须将头发端盘入安全帽内，不允许披肩散发，安全帽的帽檐必须与目视方向一致，不得歪戴、斜戴；严禁用安全帽充当器皿和坐垫使用；严禁故意刻划、涂改帽徽、破坏帽上部件。

二、要规范监督文明用语

坚持"好"字开头，"请"字优先，与人谈话简洁明了，自觉使用文明用语，倡导普通话，讲话时要斟酌，不讲粗话、脏话，不盛气凌人；与领导谈话要恰当使用尊称、敬称，举止大方，不猥琐、不拘谨。

三、要规范记录仪的使用

按照"谁使用、谁保管、谁损坏、谁负责"和"检查必带"的原则，现场巡检时将监督记录仪佩戴在左肩或左胸等有利于取得最佳声像效果的位置，并做好日常维护保养。

四、要规范日常检查行为

日常巡检必须佩戴监督记录仪，现场检查做到"持表检查"，严禁用打"√"打"×"代替检查，查处问题与被监督单位充分沟通，有理有据，问题整改通知单填写字迹工整、问题描述规范准确，整改期限明确，并按时间节点闭环验证。

五、要规范问题处理流程

现场问题处理按照口头提示、整改通知单、监督备忘录、向主管部门和生产建设单位汇报的流程。一般可立即整改的问题向被监督单位口头提示，不能立即整改的问题要下发整改通知单，严重问题、拒不整改的问题要下发监督备忘录，并向主管部门和生产建设单位汇报具体事宜。

六、要规范通知文件落实

对于下发的通知文件要坚持文件落实"八步法"。一是自学通知文件，清楚文件精神；二是检查被监督方是否收到文件；三是督促组织学习文件；四是提出上级对文件落实的工作要求；五是落实学习宣贯记录签到；六是组织开展要求落实；七是保存落实记录；八是反馈落实情况。

七、要规范监督工作交接

接班的监督不到岗，交班的监督不离岗，严格做到在岗交接，落实"交接单"，做到交不清不接收，接收了得清楚，确保工作连续无遗漏。

八、要规范监督迎检工作

监督住宿要尽可能靠近现场大门随时掌握门禁情况，甲方领导进入现场后要主动向领导进行工作汇报，并协同现场检查，讲解现场情况，汇报监督履职，讲话热情有度。坚持监督立场，对于查出承包商问题不为承包商作辩解，回答领导提问要紧扣主题，语言凝练，对于自身存在的问题不避短、不辩解，坚持自我完善。

九、要规范领导要求落实

对于到井甲方领导的工作要求要如实记录在监督日志，公司各级检查在现场召开问题对接会监督必须参加并记录相关要求，不可只听不记，并及时向生产建设单位和主管部门汇报，以便工作全面落实。

十、要恪守廉洁从业规定

坚定理想信念、维护公司利益、维护监督形象、恪守廉洁底线、铭记六大禁令，不滥用监督权力谋取不正当利益，不收受被监督方财物，不欺下瞒上，不瞒报、缓报、谎报、漏报突发事件。

工程监督"五应"清单

(应知必知、应会必会、应到必到、应查必查、应报必报)

一、应知必知

(1)知岗位职责:应熟知本岗位工作职责。

(2)知监督管理:应熟知油田公司关于工程监督管理的相关工作要求。

(3)知设计要求:熟悉工程设计中的质量安全环保和井控要求及相关施工参数。

(4)知井控规定:熟悉油田公司钻井、井下井控细则规定及工程设计中相关井控要求。

(5)知施工难点:清楚监督项目的施工难点,制订针对性监督措施。

(6)知技术规范:了解和掌握相关专业的新工艺、新技术,复杂事故处理技术规程,能够指导现场钻井施工和复杂事故处理。

(7)知当前工况:清楚监督项目的当前施工工况及相关施工参数,做到心里有数。

(8)知高危作业:清楚施工现场当天的高风险作业情况。

二、应会必会

(1)会计划编制:掌握监督计划书的编写要求,按规定编制项目监督计划书。

(2)会指令下发:掌握监督指令的下发要求和节点,按规定下发监督指令。

(3)会现场检查:熟悉现场监督检查的方式方法,会使用检测工具。

(4)会问题处理:清楚检查出问题的处理方式。

(5)会关系协调:能协调处理现场各施工方和各施工工序之间密切

协作，及时处理现场出现的问题，确保施工顺利，减少施工停工等。

（6）会预判分析：根据区域的地质概况及邻井资料等分析预判监督项目可能出现的施工风险，提示施工队伍制订控制措施。

（7）会资料填写：能够按要求填写监督日志等监督资料，能够及时分析施工情况，编写监督总结和报告。

（8）会工作汇报：熟悉公司对工程监督工作汇报的相关要求，并及时汇报。

三、应到必到

（1）开工验收到：开钻（工）验收监督必须到现场参与验收。

（2）关键工况到：对于下套管、固井、卡层、工具入井、岩心出筒等施工关键工况监督必须到现场。

（3）复杂处理到：事故复杂处理监督必须到现场。

（4）应急演练到：施工队伍应急演练监督必须到现场。

四、应查必查

（1）查资质证件：对施工队伍资质、人员证件（含特种作业证和特种设备操作证）等进行检查。

（2）查技术交底：对施工队伍的"五交底"落实情况进行检查。

（3）查关键设备：对施工队伍设备主体设备、空呼、气体检测仪、特种设备等关键设备设施管理进行检查。

（4）查井控管理：对井控设备管理、试压、井控物资储备、井控双坐岗、井控例会等井控管理制度落实进行检查。

（5）查技术措施：对取心、复杂处理过程中的技术措施及工程设计中的技术措施落实情况进行检查。

（6）查质量控制：对入井工具、材料质量及施工过程中的工程质量控制参数进行检查。

（7）查民爆物品：对压裂、物探等施工作业现场的民爆物品管理进行检查。

（8）查高危作业：对监督平台当天的高危作业安全措施落实情况进行检查。

（9）查监督履职：对承包商配备的平台安全监督的履职情况进行检查。

（10）查重点工作：对公司下发的通知文件、环保督查、执法检查等重点工作部署落实情况进行检查。

五、应报必报

（1）事故事件必报：施工现场发生的安全环保事故事件必须及时汇报。

（2）异常复杂必报：钻、录、测、试作业现场施工异常、井下复杂必须及时汇报。

（3）突发情况必报：施工现场受灾受损、聚集闹事、阻工阻路、人员伤亡等突发情况必须及时汇报。

（4）问题隐患必报：质量安全环保问题隐患必须及时汇报。

（5）监督检查必报：地方政府、上级到井检查必须及时汇报。

工程监督四种能力

一、设计学习与执行能力

二、问题研判与预警能力

三、监督检查与分析整改能力

四、闭环管理与现场服务能力

目 录

第一章　钻井监督

第一节　岗位职责 ………………………………………………… 2
第二节　监督权力 ………………………………………………… 4
第三节　工作制度 ………………………………………………… 5
第四节　工作流程 ………………………………………………… 11
第五节　钻井过程单项作业现场监督要点 ……………………… 15
第六节　钻井工程各阶段专项检查现场监督要点 ……………… 28
第七节　应急程序与措施 ………………………………………… 34

第二章　地质监督

第一节　监督职责 ………………………………………………… 40
第二节　监督权力 ………………………………………………… 41
第三节　工作制度 ………………………………………………… 42
第四节　工作流程和程序 ………………………………………… 45
第五节　水平井施工中的地质监督工作 ………………………… 51

第三章　测井监督

第一节　监督职责 ………………………………………………… 54
第二节　监督权力 ………………………………………………… 55
第三节　工作制度 ………………………………………………… 56
第四节　工作流程和程序 ………………………………………… 59

第五节　现场测井作业检查 …………………………………… 63

第六节　现场监督检查结果与处理要求 ………………………… 69

第四章　试油监督

第一节　岗位职责 ………………………………………………… 72

第二节　监督权力 ………………………………………………… 73

第三节　工作制度 ………………………………………………… 74

第四节　工作流程和程序 ………………………………………… 77

第五节　试油单项作业现场监督要点 …………………………… 81

附录

附录一　工程监督工作日志模板 ………………………………… 106

附录二　工程监督交接班记录模板 ……………………………… 109

附录三　监督备忘录 ……………………………………………… 110

附录四　监督建议书 ……………………………………………… 111

附录五　问题整改通知单 ………………………………………… 112

附录六　问题整改回执单 ………………………………………… 113

附录七　监督指令书 ……………………………………………… 114

第一章

钻井监督

第一节 岗位职责

钻井监督是油田公司派驻钻井施工现场的甲方代表。依据国家的有关法律、法规、政策，以及中国石油天然气集团有限公司（以下简称"集团公司"）、油田公司制定的有关石油勘探开发的技术规程、规范、标准、工程设计，和甲方批准的施工设计对钻井工程实施重点工序、关键环节的监督，监督工程质量、工程进度、安全措施，协调各施工环节。

（1）熟悉有关技术规范、设计和环评报告，并认真做好单井重点工序、关键环节的监督计划、监督要点，并报建设单位钻井业务管理人员审批。开钻前认真组织施工单位进行设计交底。

（2）参与并协助甲方组织好各次开钻验收，按开钻验收表进行全面检查，以书面的形式提出开钻意见和整改要求，整改合格后，报建设单位同意，下达开钻通知书。

（3）巡查钻井作业各重点环节和部位，随时了解掌握生产动态，防止复杂情况及事故发生，填写好监督日志。

（4）根据钻井施工设计中钻井液设计，检查现场钻井液材料的质量和使用情况，掌握钻井液性能，发现问题及时督促乙方处理，对违反设计或要求的，以书面形式提出追究乙方的责任。当钻井液承包单位违反合同或因渎职造成油田公司经济损失时，有责任提出追究服务公司责任的建议。

（5）监督检查施工队伍的固井施工设计和技术措施、固井前的准备工作及套管、附件、水泥、添加剂等质量；检查下套管专业服务队伍的资质、人员、设备情况；监督包括下套管作业在内的整个固井施工过程；参与甲方组织召开的固井协调会。

（6）参与建设单位组织钻开油气层前的安全检查，负责监督油气层保护措施的落实和油气保护材料的检查。

（7）负责检查钻井队主要岗位人员持井控证情况；负责井控装备的试压验收工作；负责井控设备班报表和月报等井控资料的核实工作，发现问题及时整改，保证井控设备始终处于完好状态；负责钻井队防喷演习和防喷演习记录资料的填写等井控九项制度的落实；负责对钻井队地层破漏试验监督。

（8）负责对井控、人身、机械等方面的安全检查工作，并以书面形式提出钻井队注意改进的事项。

（9）负责检查钻井队及其他服务方队伍是否按钻井施工设计进行施工作业，对影响安全、质量和违反设计的做法提出书面处理意见并及时向甲方汇报。

（10）对钻井工程质量实施检查监督，督促井队全力确保实钻井眼轨迹达到设计要求，严格控制全角变化率、靶心距、钻井液性能、取心收获率等指标不超设计。对各类数据的真实性负责，发现井队造假及时向甲方汇报。

（11）负责对服务方承担的钻井工程报表、钻井液报表及按日、按月需填写的各种资料的检查。要掌握生产时效的详细数据，并有书面记录，发现问题有责任向服务方提出合理化建议。完井后，参与服务方提交的钻井工程报表、钻井井史、全井钻井技术总结、钻井液技术总结、复杂与事故情况处理记录及总结等资料的验收工作。

（12）按照环评报告，对工程作业过程中的环境管理进行监督，做好以下工作，坚决杜绝在施工过程中对环境造成污染和危害。

① 对工程作业过程中的环境管理进行监督，避免在施工过程中产生的废水、固体废弃物、有毒有害气体、粉尘、噪声和生活废弃物等对环境造成污染和危害，确保生产、生活环境符合HSE管理规定。

② 加强对有毒和有害气体、放射性和剧毒物质的防护和治理的监督。

③ 监督钻井、录井期间所用到的各种化学药品、试剂及器皿的使用与保管。

④ 监督原油回收或污油清理工作，确保清理及时、处理得当。

（13）钻井监督下达的任何通知、整改措施、作业方案及备忘录都必须采用书面形式并备案。

第二节 监督权力

（1）有权制止乙方不符合合同、标准及设计的作业行为。

（2）有权根据合同对作业队、设备、资质、工序质量、资料进行检查、验收。对不合格的设备、不称职的人员有权提出撤换。有权拒绝违反工艺纪律、操作规程的人员上岗。

（3）有权制止使用不符合质量要求的材料和工具。

（4）对检查、验收不合格的工序，有权制止其进入下道工序作业。

（5）有权根据现场变化情况对工程设计提出修改意见。

（6）有权对乙方存在的质量、安全、环保、井控方面的问题签发问题整改通知单或停工指令。

（7）有权签字确认现场工作量和质量。

（8）有权对质量和资料的验收，参与对施工单位的考核。

（9）有权拒绝建设单位或其他部门的违章指挥。

第三节 工 作 制 度

一、巡回检查制度

巡回检查要求：按照监督工作计划，对照设计、当班工序，每日检查不少于三次（夜间施工安全）。

（1）钻井监督每日巡回检查区域：钻井队区域（值班房、钻井液房、钻台、泵房、机房、循环罐、井口、井控设备），录井队区域（钻井液技术服务区域、定向技术服务区域、清洁化生产区域）。

① 钻井队区域：查看生产日报、钻井液班报表、演习记录、井控例会记录、低泵冲记录、新增人员持证、钻井泵、高低压阀门组及管线、加重漏斗、加重剂储备量、加重钻井液储备量、加重钻井液搅拌、液面报警器、液面标尺、坐岗记录、清水校验密度仪、实测钻井液及重浆密度、远控房、节流压井管汇、防喷器、内控管线、阀门开关状态及活动、司控台、节流控制箱、内防喷工具、立压表、指重表、记录仪等。

② 录井队区域：了解钻进地层岩性、岩屑录井显示井段及级别、地质预告、气测显示井段、气测值。

③ 钻井液技术服务区域：查看钻井液日报，检查钻井液测试仪器，每日旁站监督钻井液性能检测。

④ 定向技术服务区域：对照设计查看井深、井斜、方位、垂深，核对井眼轨迹。

⑤ 清洁化生产区域：检查岩屑甩干、存放、防雨、防渗和外运。

（2）监督检查值班干部在岗情况及工作状况。

二、旁站监督制度

以下重点工序、关键节点要求旁站监督。

（1）各次开钻前的验收、二开井控设备试压和完井套管试压。

（2）直井单点测斜数据或 MWD 随钻测斜数据。

（3）钻井取心工具现场检查、组装及取心中投球、引心、割心过程。

（4）到井套管数量、型号、报告及套管丈量，入井工具及附件的检查、验收。

（5）下套（尾）管作业过程。

（6）注、替水泥浆的全过程。

（7）复杂井段划眼作业及起下钻遇阻、遇卡段处理过程。

（8）井下事故处理中的关键环节，如磨铣、爆炸松扣、套铣倒扣、打捞等。

（9）深井、水平井、大位移定向井（水平位移大于800m）起钻时前15柱、下钻时后15柱及下钻到底的开泵顶通。

（10）每天至少旁站观察钻井液工程师做一次钻井液全套性能测定。

（11）监督现场按工程设计要求加入油保材料。

三、QHSE目标控制制度

集团公司井身质量、固井质量"七条红线"判定标准如下。

1. 井身质量不合格判定红线

（1）井身轨迹连续三点全角变化率大于设计值，或者超过设计值的点数占全井段总点数比例大于10%。

（2）定向井实钻井身轨迹出靶区。

（3）生产套管裸眼井段平均井径扩大率大于20%，或目的层平均井径扩大率大于15%。

以上三项指标有任一项不合格则判定为井身质量不合格。

2. 固井质量不合格判定红线

（1）固井水泥返高未达到设计值，且低于设计段长大于50m。

（2）生产套管固井质量在油气水层段、尾管重合段、上层套管鞋处、上层套管分级箍处及其以上25m环空范围内，固井水泥一、二界面胶结质量未达到连续胶结中等及以上。

（3）全井固井水泥环一、二界面胶结质量中等以上，且井段长度低于封固井段长度70%的。

（4）入井套管质量或固井用水泥及外加剂质量不合格的，或固井后套管柱试压不合格的。

以上四项有任一项不满足要求则判定为固井质量不合格。

3. 井身质量监测要求

（1）严格执行工程设计质量标准。

（2）严格按照设计要求进行测斜，及时利用实测轨迹数据预测井底位移。

（3）纠斜、纠方位时应加密测斜并控制好狗腿度。

（4）每口井完钻及时上报井身质量反馈表，井身质量反馈表注明测斜方式（单点、单点＋多点、随钻测斜）、轨迹数据（多点测斜或随钻测斜数据），如有超出设计趋势及时汇报。

4. 钻井液材料质量要求

（1）严格执行钻井液材料质量标准，进入井场的钻井液材料必须有相关行业标准可查。

（2）进入井场的钻井液材料"四证"（出厂合格证、出厂质量检验报告、第三方质量检测报告和集团公司准入证）齐全。

（3）进入井场的钻井液材料在保质有效期内。

5. 水基钻井废弃物不落地管理要求

（1）水基钻井废弃物不落地工艺与钻井液四级固控系统协同处理，必须包括废物收集、破胶脱稳、固液分离和滤液收集处理四个单元。

① 废物收集单元：必须配备具有高频振动和自动清洗功能的装置，将大颗粒岩屑进行分离、清洗并单独存放，废弃钻井液收集至回收罐。

② 破胶脱稳单元：应通过钻井液性能实验，确定药剂配方，经自动加药搅拌，在脱稳罐内实现脱稳、破胶和絮凝，使废弃钻井液达到固液分离要求。

③ 固液分离单元：通过板框压滤机将破胶后的废弃钻井液分离成泥饼和滤液。泥饼必须干燥、成型，含水率不高于60%，泥饼通过输送机外输至泥饼存放区集中存放。

④ 滤液收集处理单元：滤液经处理必须满足钻井用水指标要求，在

现场循环利用。最终剩余滤液经处理满足回注站设计进水指标后，进行处理回注。

（2）处理后的水基岩屑及泥饼临时贮存场地应执行 GB 18599《一般工业固体废弃物贮存和填埋污染控制标准》，具备防雨、防渗功能。临时贮存在井场四周必须砌方形围堰，围堰高度大于 50cm，作业机械进出口按 10cm 高度设置围挡。

（3）检测应由检测单位、建设单位（或甲方委派的驻井监督）、承包商共同现场取样并封样签认，检测单位须具备 CNAS 或 CMA 认证资格。

① 页岩气井：一、二开直井段对处理后的岩屑和泥饼在第一批和最后一批运出井场前各抽样检测一次，三开水平段如使用水基钻井液或高性能水基钻井液需对处理后的岩屑和泥饼再各抽样检测一次。

② 油井：抽样检测频次计划按实际井筒理论容积的 3 倍产生量计算，每 1000m^3 钻井废弃物至少将处理后的岩屑和泥饼各抽样检测一次；如果三开后使用聚磺体系钻井液，还需单独将该体系下处理后的岩屑和泥饼各抽样检测一次。

（4）岩屑和泥饼在第一次向外拉运前，必须取得合格的检测报告，并报属地政府环保部门行政许可或备案。

6. 油基钻井废弃物不落地管理要求

（1）做好页岩气钻井过程中采用油基钻井液所产生含油钻屑的处理工作，防止含油钻屑在收集、短期贮存、转运和处理过程中对地下水、地表水、土壤等造成的污染。

（2）页岩气钻井过程中产生的含油钻屑应通过输送装置进入离心甩干设备，装入岩屑罐，实现含油钻屑不落地和资源回收。岩屑罐罐壁及底部必须密封、完好、无漏失，上部设置有排气口。含油钻屑收集过程中，应及时观察岩屑罐内含油钻屑量，防止含油钻屑外溢。

（3）岩屑罐中的含油钻屑如不能及时处理，应临时存放于专门的短期贮存区，禁止与其他废物一同存放。贮存区应位于主导风向的下风向，避免环境敏感点。场地应平整、宽敞，建设有防雨措施，并铺设防渗布，防渗布为无纺布与 PE 膜或塑料复合材质。贮存区应防火、防爆，30m 内严禁动用明火或进行电气焊作业，周围应设有警示标识牌。

（4）甩干后的含油钻屑如需要在矿区内进行短途转运，应有明确的转运交接记录，转运车辆加装GPS定位系统。

（5）经脱附处理后回收的油品重复利用，固体残渣含油率应不大于1%，固体残渣优先使用井场废弃物临时储存池及其他可利用的填埋池（坑）进行固化处理。

（6）钻井承包商应建立含油钻屑台账，包括含油钻屑来源、数量、处理时间、处理方法、施工单位、负责人、监测分析时间、分析结果等，做到处理情况随时可查，处理责任可追溯。工程监督做好日常检查。

7. 隐患整改复查要求

所有现场查出的隐患问题、现场违章必须下达书面问题整改通知单，实行整改复查闭环管理，及时上报整改前后的电子表格。主要包括：

（1）各次开钻验收、打开油层验收查出问题。

（2）每日巡查中发现的问题。

（3）各次专项检查查出的隐患。

四、过程提示和汇报制度

钻井过程提示（建议）、备忘录主要包括：

（1）钻遇特殊岩性（煤层、盐膏层等）、高压水层、油气层前、复杂井段。

（2）短拉、长拉。

（3）单多点测斜。

（4）井身质量控制要求及井控安全。

（5）油层保护制度是否落到实处。

（6）测井前更换牙轮钻头的通井。

（7）送井套管丈量、通径、螺纹清洗。

（8）钻井液性能分井段符合工程设计。

（9）下钻或下套管到底后开泵，排量由从小到大逐渐提升至钻进或固井施工最大排量。

（10）完井电测前、下套管前通井工序和固井施工前后的钻井液处理要求。

反违章监督及汇报：严格执行六条禁令、工程设计、井控细则及油田公司文件，及时制止和纠正施工方的违章行为、下发整改通知单，并按照"一事双报"要求汇报。

事故汇报要求：发生安全、环保、井控和井下事故，无论事故能否及时处理，必须及时上报，并根据事故处理进展及时总结、反馈，做到事不过夜。主要汇报内容包括事故时间、地点、事故时工况、事故经过描述、事故损失、事故原因分析、经验教训及认识。

五、资料录入与管理制度

监督记录及时录入要求：认真填写监督记录，字迹工整、清晰、数据齐全、真实准确，做到当天的事当天记。

（1）过程监督主要填写当日钻井简况，日常监督检查；重点填写重点工序、关键节点的旁站监督内容及上级指示落实情况。

（2）监督检查验收时，应按检查项目逐项检查落实后填写记录。

（3）如实填写所发现的质量、健康、安全、环境问题或隐患及现场提出的整改意见和要求。

六、单井监督工作讲评制度

（1）参加钻井过程中测井、固井及井控质量安全问题或事故的分析会。

（2）每日及时填写监督日志，收集单井讲评材料，对现场出现的复杂和应急情况，准备案例分析材料。

（3）编写单井监督工作总结，完成讲评材料（单井讲评和案例分析），在工程监督季度述职会上汇报展示监督工作。

第四节 工作流程

一、钻井现场监督流程

监督准备→一开申请后上井→参加安全技术交底→参加一开验收→一开钻进、下套管、固井→参加二开验收或三开验收→二开钻进（三开钻进）、质量控制、井控检查→参加打开油气层验收、轨迹控制→完井作业或中完作业（通井、测井、通井、下套管、固井、测三样前安全技术交底、套管试压、井口水平度、套管头安装）→现场交井→监督工作的总结验收。

二、工作程序

1. 监督准备

（1）接受监督委托，熟悉地质设计、工程设计、施工设计、工程合同内容和环评报告。

（2）搜集相关技术标准和相关地质信息，了解邻井钻井井史，掌握本井地质构造、钻井工艺特点、施工难度。

（3）制订监督工作计划，明确工作内容、目标和完成时间。监督计划要求重点突出、针对性强，文字工整、简练、术语正确。

（4）监督计划经钻井总监和建设单位钻井主管审批后实施。

2. 开钻前的监督

（1）按照开钻验收表，组织开钻前的安装验收，重点验收开钻前的安装质量和施工条件。

（2）落实开钻前建设单位向施工单位的设计交底，并组织本井安全技术交底会。

（3）参加开钻验收，确认验收过程中发现的问题整改完毕后签署开钻批准书，未经验收批准不准开钻。

（4）检查施工单位提交的单井钻井施工技术措施和钻井液技术措施。

3. 日常工作

交班前检查→参加钻井队岗位交接班会→交班后检查→上报→旁站监督→当班检查→填写当天监督日志→交班前检查。重点对照工程设计、井控实施细则，做好风险提示、控制和整改督查。

4. 验收检查

（1）钻井过程的验收检查包括一开、二开、三开、打开油层和完井等环节，重点验收把关进入下一步工序的施工条件和风险点的受控情况。达不到验收标准，不准进入下步工序。

（2）完井验收程序：① 完钻通井，通畅后测井作业；② 核实井身质量的电测连斜数据、多点数据（定向井以多点为准），并反馈至建设单位；③ 接到完井指令后，落实通井、下套管工具、套管及附件，送井水泥、水泥浆检测报告，固井用水等，满足下套管固井要求后下达下套管指令；④ 按设计要求完成油层套管试压，井口安装达到设计要求后通知井队拆甩、搬家；⑤ 确认固井质量检测结果，如果检测不合格，通知井队停止下步作业，等候通知；⑥ 完井交井。

（3）以上各次验收必须经现场监督签字确认后才能进入下一步作业。

（4）整改闭环：工程监督对自己及甲方各级检查、体系审核发现的问题要督促整改，并按照整改期限要求验证闭环，及时向相关人员汇报整改情况。

5. 作业指令

（1）作业指令是建设单位通过钻井监督下发给全井各项作业承包商，对当前生产应完成的工作及安全注意事项的书面凭证，也是检查乙方单位是否完成任务的依据。

（2）日常整改监督指令由钻井监督依据工程设计（补充修改设计）、文件标准、合同直接签发，阶段作业、特殊作业等生产变更性指令由钻井监督根据授权程序请示后签发。指令要求工作内容表达清晰、技术和安全措施简明、准确无误、字迹清晰和下达及时，必要时配上示意图。

6. 信息上报

上报信息包括日常现场生产信息和巡视监督检查的质量安全信息。

（1）日检查钻井现场各项报表和信息资料的及时性、准确性、真实性和齐全性，每天按照相关规定要求报送日报。

（2）对现场较大安全隐患、发生的各类事故、险情，现场监督要详细落实事故类型、发生的时间、现场处置情况等基本信息，并及时上报建设单位。

（3）对上级部门现场检查的问题及要求，应重点掌握时间、地点、存在的安全风险、违反的相关规定、采取的监督措施及效果、整改落实情况及进度等，现场复查属实后，及时上报建设单位。

（4）监督人员各类信息采取逐级汇报制度。

7. 总结验收

（1）督查施工单位按上交完井资料规定时限（开发井 5d 内、探井和重点评价井 10d 内）和质量要求，上报各项报表、电子文档和文字类完井资料，并符合公司的有关要求。

（2）施工结束后，上交监督日志、单井讲评资料、案例分析材料。

（3）参加甲方工程质量验收会，陈述施工方履行合同、执行技术设计情况和监督工作执行情况。

8. 钻井监督完井提交资料

（1）监督计划书（电子版、纸质）。

（2）固井监督表（纸质）。

（3）钻井监督完井报告（电子版、纸质）。

（4）整改单、备忘录、监督指令（纸质）。

（5）各次开钻检查表、批准书（纸质）。

（6）事故复杂报告（电子版）。

（7）实钻井眼轨迹数据（电子版）。

（8）套管数据（包括各层套管管串数据、扭矩数据、扭矩有图的附图、套管上扣照片、大钩载荷）（电子版）。

（9）固井附件合格证及套管头合格证（纸质或照片）。

（10）电测井径、井斜、方位、位移、全角变化率原始数据。

（11）安全技术交底记录；回执单（要闭环）；试压记录；地破实验记录；质量证明文件；钻井技术指标统计表（电子版）。

第五节　钻井过程单项作业现场监督要点

一、下钻作业

1. 下钻前准备

（1）二开前套管头内安装好防磨套，二开后起完钻要立即换钻头下钻，严禁空井检修设备和停工，如果要长时间检修设备，尽可能多下钻柱至套管脚附近，但不能下至裸眼里，同时装好单流阀或接好方钻杆，关好封井器。

（2）检查钻头类型、尺寸、喷嘴水眼面积和下部钻柱组合是否与施工设计措施相符。

（3）检修和调整好工具、仪器和设备，测绘入井工具，记录其长度、最大最小内外径、扣型、水眼尺寸等，确保所有入井工具都通过径，特殊工具入井前绘制结构图。

2. 下钻操作

（1）有偏磨、压弯、螺纹损坏、台肩面有裂纹和蚀点等的工具不得入井；必须按标准扭矩上扣，严禁用转盘上卸扣。

（2）钻铤与无台肩工具下井时，必须卡安全卡瓦；钻柱重量超过300kN，要挂辅助刹车。

（3）钻柱装有止回阀时应定深度向钻具内灌钻井液，每下500～1000m 灌满一次。

（4）下钻全过程要有坐岗人员观察并记录钻井液返出情况。

① 井口不返钻井液，应立即停止下钻，观察井口液面，发现液面下降，向环空灌满钻井液；同时起钻到正常井段，小排量顶通后，逐渐增加排量，按井漏程序观察处理。

② 钻柱内返钻井液，应进一步减速下钻，如继续返喷，应静止钻柱

1~2min 进行观察，判断是井涌还是环空不畅。若是井涌，按井控程序处理；若环空不畅，应及时循环钻井液。

（5）下钻要平稳，下钻遇阻时以提为主，严禁强压，遇阻超过100kN（ϕ216mm 井眼及以下井眼遇阻超过 50kN）时，严禁强行下钻，应及时接方钻杆（或顶驱系统）循环，正常后才能继续下钻。复杂井段和到井底前最后 3 个立柱，采用低速下钻。

（6）根据起出的前只钻头和稳定器的磨损情况，结合地层特点，分析判断井眼欠尺寸的可能性。

① 如果起出的所有稳定器外径都磨损变小，下钻时应对上只钻头钻过的全部井段划眼。

② 在牙轮钻头所钻的井段，下入 PDC 钻头或金刚石钻头，要减速下钻。

③ 若牙轮钻头磨损，易造成刚性强的 PDC 钻头或金刚石钻头卡钻。钻头离井底一个单根或立柱时，应接方钻杆（或顶驱）开泵顶通，井口有钻井液返出后，再根据情况逐渐增加排量，循环正常后，转动钻柱，慢慢下放，下放至井底。

（7）在裸眼井段遇到下列情况之一，需考虑分段循环钻井液：

① 裸眼段发生过井漏。

② 起钻时有遇阻、遇卡井段。

③ 钻井液静止 24h 以上。

④ 钻井液性能欠佳，特别是静切力较大。

⑤ 井下要进行特殊作业。

二、钻进作业

（1）使用三牙轮钻头且不带螺杆和稳定器的钻具组合钻水泥塞和套管附件，需钻进地层 30m 左右，以保证下一套钻具组合的稳定器在裸眼内。每钻完一个单根，应进行一次划眼，然后再接单根。

（2）接单根时，钻具静止时间不应超过 3min，上提下放距离不小于 2m。

（3）按设计要求出套管打开新地层 5~10m 做地层破裂压力试验，

试验压力极限为套管抗内压强度的80%。在进入油气层前50~100m，按照下步钻井的设计最高钻井液密度值，对裸眼地层进行承压能力检验。

（4）按设计要求测斜，在正常情况下必须测斜；如果井斜变化大，应采取相应的防斜措施控制井斜。

（5）每钻进48h或进尺300~500m，应短起下钻；每次短起下钻都应起到安全井段。

（6）根据设计要求维护钻井液性能，在平衡地层坍塌压力的条件下，维护钻井液密度在设计范围内，不得修改设计钻井液密度，但发生突发事件需要调整钻井液密度时，应及时上报建设单位申请调整钻井液密度，发生井控险情时例外。

① 按照地质设计提供的地层孔隙压力，在工程设计容许的范围内选择钻井液密度，并根据随钻监测的地层压力值及时调整。油层附加0.05~0.1g/cm^3（或1.5~3.5MPa）；气层附加0.07~0.15g/cm^3（或3.0~5.0MPa）。

② 监督钻井队使用好四级固控设备净化处理钻井液，按设计要求控制固相含量。排量可按经验公式计算：排量（L/s）=排量系数[L/（s·mm）]×钻头直径（mm）。机械钻速与排量系数对应关系见表1-1。

表1-1 机械钻速与排量系数对应表

机械钻速，m/h	排量系数，L/（s·mm）
>15	0.124
7.6~15	0.0994~0.124
4.6~7.6	0.0944~0.112
3.0~4.6	0.0869~0.0994
1.5~3.0	0.0745~0.0969

③ 发现气侵应及时排除，气侵钻井液未经除气器排气不得重新注入井内。若需对气侵钻井液加重，应在气侵钻井液排完气后停止钻进的情况下循环加重，严禁边钻进边加重。

（7）严格执行钻开油气层前的申报审批制度等井控管理制度。

（8）钻进中发生井漏应采取以下措施：

① 将钻具提离井底、方钻杆提出转盘，以便关井观察。

② 采取定时、定量反灌钻井液措施，保持井内液柱压力与地层压力平衡，防止发生溢流。

③ 其后采取相应措施处理井漏。

（9）低泵冲试验并记录，以下情况应进行低泵冲试验：

① 每次倒班时。

② 起钻前循环时。

③ 钻井液密度和性能发生变化的任何时候。

④ 水力参数发生变化的任何时候。

⑤ 在油气层位置以上200m处开始进行低泵冲试验并记录。

⑥ 在每只钻头开始钻进前及每日白班开始钻进前进行低泵冲试验。新钻头入井到井底后，必须以低钻压、低转速钻进30min。低泵冲试验时，ϕ311mm以上井眼采用正常排量的1/3～1/2，ϕ216mm以下井眼则采用正常排量的1/2。

（10）不间断地监测钻进趋势变化，分析井眼状况。定时检查振动筛上的岩屑形状、尺寸和量的变化。

三、停钻条件

（1）遇到天气等不可抗力因素，停止钻进，悬挂或坐挂好钻柱，关好防喷器。

（2）发生以下情况，暂停钻进并进行相应的分析、检查、维修和处理：

① 钻井液性能达不到要求，排量不够，井底不干净。

② 接单根时，上提下放阻卡。

③ 发生溜钻、顿钻、干钻或严重跳钻。

④ 钻头泥包，有严重的抽吸现象。

⑤ 泵压下降或上升超过2MPa。

⑥ 指重表、泵压表失灵或录井仪器、设备有故障。

⑦ 静态悬重减少20kN以上。

⑧ 发生以下溢流预兆时，表现在钻时不正常降低或钻进放空、钻井液密度不正常降低（黏度上升或降低）、钻井液返出量增加、泵压下降、钻井液槽出现油花或闻到硫化氢气味、气测显示异常。

⑨ 钻进中发生井漏和溢流。

四、起钻作业

1. 起钻前准备

（1）检查设备、仪器、工具，钻井液性能应符合设计要求。

（2）以正常排量循环钻井液一周或循环至振动筛上无钻屑返出，控制后效正常：

① 一般工况，油气上窜速度小于 50m/h。

② 下套管前起钻，油气上窜速度小于 10m/h。

③ 特殊井或为保护油气层的需要，油气上窜速度宜为 10～30m/h。

（3）在起出高压地层前进行至少 5～10 个立柱的短起下钻，再循环钻井液，观察流体是否侵入，并视情况（油气上窜速度小于 50m/h）调节钻井液密度。

（4）下列情况必须进行短起下钻作业：

① 钻开油气层后第一次起钻前。

② 溢流压井后起钻前。

③ 钻开油气层井漏堵漏后或尚未完全堵住起钻前。

④ 钻进中曾发生严重油气侵但未溢流起钻前。

⑤ 钻头在井底连续长时间工作中途需刮井壁时。

⑥ 需长时间停止循环进行其他作业（测井、下套管、下油管、中途测试等）起钻前。

2. 起钻操作

在裸眼井段、复杂井段起钻，钻井监督必须在钻台上旁站起钻前 15 柱及开泵顶通。在裸眼段起钻禁止用转盘卸扣。

（1）钻柱在裸眼中的静止时间要小于 3min。钻头在油气层中和油气层顶部以上 300m 井段内起钻速度不得超过 0.5m/s。在复杂井段和开始起前5柱，要采用低速起钻。

（2）每起出3~5个立柱，灌一次钻井液，并做好记录。如有抽吸现象，应接方钻杆（或顶驱）循环钻井液，并进行相应的处理。

（3）起钻要平稳，遇卡以下放为主，严禁强提硬拔，在起钻悬重的基础上附加50~150kN（参考值）；若仍不能起出，应及时接方钻杆（或顶驱）循环钻井液，采用低速倒划眼，转速控制在40~50r/min，如不憋泵，排量应逐步加大至正常钻进时的最大排量。禁止采用不开泵倒划眼。

3. 起钻后钻头分析和空井处理

（1）必须对起出的钻头进行测量、分析，填写钻头使用卡。

（2）定期起出防磨套并进行检查，确定是否更换防磨套。如遇特殊情况不能立即下钻，则必须关井，专人坐岗观察，盖好井口，防止落物。

五、井斜测量与定向井轨迹测量作业

（1）测斜前准备包括以下内容：

①测斜前要调整钻井液性能，至少循环一周以上。

②吊测单点或自浮测斜期间，要保持钻柱上下活动，范围应大于2m，不得旋转，钻柱静止时间要小于3min。泵送仪器时要定好时间，停泵后要及时放回水，预计自浮仪器浮到井口前，卸开方钻杆。

③要推迟测斜的情况：钻井液性能不好；井眼状况不正常；钻柱悬重和泵压异常。测斜前保证最后一个单根（或立柱）活动顺畅，无阻卡。若钻井液黏度和含砂量过高，一般不进行吊测或自浮仪器测斜，应先处理好钻井液性能后再测斜。

（2）旁站单点测斜过程，旁读测量读数，及时审查连斜数据及全井轨迹数据、定向多点数据、电测井斜数据是否符合设计，检查掌握井眼轨迹状况。轨迹控制测斜间距执行钻井工程设计。

（3）定向井轨迹测量作业的所有仪器在合同期内，第一次使用前及每隔半年，应到具有资质检测单位进行精度检验。

（4）测量井段距套管鞋、下套管的邻井或填埋的落鱼段最短距离在

8m 范围内，或存在金属矿等强磁干扰的情况下，应采用陀螺仪测量井斜、方位。

六、通井作业

1. 通井工况

以下工况通井：

（1）电测前后。

（2）钻井液静止 24h 以上。

（3）下套管前。

（4）中途测试前后。

（5）处理完井下事故后。

2. 通井原则和作业

（1）采用原钻柱通井。

（2）不用带有弯度的钻具和刚性特强的钻柱通井。

（3）在通井起钻前，必须短起钻至最浅的阻卡点上 50m。

（4）有下列情况之一的裸眼井段，在通井中途必须分段顶通、循环钻井液：

① 裸眼段发生过井漏。

② 起钻时有遇阻遇卡现象。

③ 钻井液静止 24h 以上。

④ 井内钻井液性能差，特别是静切力较大。

⑤ 井下要进行特殊作业。

七、划眼作业

1. 划眼要求

（1）钻进过程中划眼：

① 新钻头距井底一个单根时。

② 单根钻完后，接单根前。

③ 软硬夹层变化段、断层前 30m。

④ 因检修设备或其他原因停钻后重新钻进时。

⑤ 单根钻时小于 20min 的井段。

（2）通井过程中划眼：

① 井底以上一个立柱。

② 起下钻及电测时遇阻遇卡井段。

③ 起钻后发现钻头磨损变小所钻的井段。

2. 划眼原则

划眼原则为一通、二冲、三划眼；停泵通、大排量循环、小排量划眼。

（1）在松软、破碎地层、断层处和增斜、降斜段划眼时，每划 1m 左右，采用停转、泵冲试下钻，以防划出新井眼。

（2）倒划眼单（立）根完毕，进行正划眼单（立）根，然后停泵、停转，在单（立）根范围内上提、下放钻柱至无阻、无卡为止。

（3）带弯接头或弯马达的钻柱组合下钻遇阻不可加压划眼和长时间开泵循环，采取上下活动钻具并变换方向试下，但时间不能过长，短时间循环划眼无效应起钻通井。

八、钻井取心作业

1. 钻井取心质量控制

（1）现场取心要五准：取心层位准、取心深度准、岩心长度准、顺序准和岩心观察描述准。

（2）钻井监督必须审查施工单位提交的钻井取心技术措施，掌握工具性能、结构、装配质量标准和操作要求。

（3）每取一筒心必须进行分析，每取心一口井必须有取心总结。

2. 取心准备

（1）井眼准备：

① 井身质量与钻井液性能符合钻井设计要求。

②井下无落物、无漏失、无溢流，井壁稳定，起下钻畅通无阻。

（2）设备和仪表检查：

①钻井设备和仪表性能良好，保证取心期间不停钻。

②选用加压式取心工具时，立管上部需设置投球丝堵。

3. 取心工具和配件检查

（1）取心工具下井前按规定探伤，井场工具应有检验合格证。

（2）严格丈量取心工具各部件。

（3）检查钻具与接头的内径，保证取心专用钢球能顺利通过。

（4）工具组装后，应保证岩心爪座底端面与钻头内台肩面有足够的轴向间隙；自锁式取心工具为8～13mm，加压式取心工具为15～20mm。

4. 取心工具报废标准

（1）螺纹有5扣以上磨尖，3扣以上碰坏，弧长超过10mm，不能修复者。

（2）接头和螺纹经探伤内部有伤，不能修复者。

（3）内外岩心筒本体出现凹坑、深度超过2mm者。

5. 取心下钻

（1）下钻遇阻超过40kN，开泵循环，上下活动钻具，缓慢下放；否则起钻通井。

（2）下钻距井底0.5～1m时（松软地层可在2m以上），循环钻井液，冲洗内筒，清洁井底。

（3）准确丈量方入。

6. 取心钻进

（1）取心前先投球，必须先开泵观察泵压，泵压略有升高时确定钢球已到球座位置再转动钻具，校对指重表。

（2）钻进中无特殊情况不停泵、不停转，钻头不提离井底。如蹩跳严重应及时调整钻进参数。

（3）仔细观察泵压变化，记录钻时，发现异常情况应果断处理。

7. 取心起钻要求：

（1）起钻前井下无溢流。

（2）割心完毕立即起钻。

（3）起钻速度要适当，操作平稳。

（4）起钻过程中应及时向井内灌满钻井液。

（5）起钻过程中注意防止"拔活塞"。

8. 井下情况判断及处理

（1）取心过程中认真做好钻时记录，仔细观察钻速、泵压、转盘扭矩的变化，准确判断井下情况。

（2）钻时变化是判断磨心和卡心与否的重要依据。一般钻时增加到正常钻时的1.5倍时应引起重视，必要时可加密钻时记录并分析，判断是否卡心。

（3）钻时剧增，其后出现较快钻速，易造成一种已转入正常取心钻进的假象。对这种情况要做认真分析，防止对已出现的卡心误判。

（4）一旦判断为卡心，应果断割心起钻。

9. 监督工作要求

旁站钻井取心工具的组装、投球、引心、割心、出心、丈量。

九、测井作业

1. 井眼与井场准备

（1）测井前处理遇阻、遇卡井段，严格执行工程设计进行通井，通井不畅严禁测井作业。

（2）调整钻井液性能，充分循环钻井液，使井内钻井液均匀、井筒稳定。在起钻过程中发生井下落物或落鱼事故，禁止先电测后处理事故。

（3）测井车停车位置与井口间距离最少有30m清洁、平整的场地。夜间作业有照明设施。井场电源电压频率为50Hz、波动小于±5%。

2. 钻井队

（1）根据测井队预计到井时间确定起钻时间，禁止空井长时间待测。

（2）测井施工中禁止使用电焊和启动大功率电器设备，禁止井架高空作业。

（3）专人坐岗观察井口钻井液返出情况，以防溢流。

（4）井内钻井液静止一般不超过24h，如果24h内未能测完井，应暂停测井，并立即强制下钻通井后再测，以防油气水侵。

（5）电测完毕，应立即下钻通井，按通井规程作业，并处理钻井液。

（6）电测发生溢流时：

① 应尽快起出井内电缆。

② 若溢流量将超过规定值，则立即砍断电缆按空井溢流处理。

③ 不允许用关闭环形防喷器的方法继续起电缆。

3. 测井队

（1）准备好电缆切割刀、穿心打捞工具等，电缆切割刀应放在钻台上。

（2）测井队要绘制每次入井测量仪器串的结构尺寸图以备查，并在起出后检查、校核。

（3）电测遇阻遇卡井段，测井队应记录在案并同时通报钻井监督和钻井队，并采用下钻通井、调整钻井液性能等方法处理。

（4）电测完毕，测井队要以文本文件格式提供给钻井监督相关测量数据，以便进行井身轨迹监控、井径监控、地层压力预测和固井计算等。

十、下套管作业

（1）参加固井协作会，通报对本井钻探过程中的复杂及事故井段，检查协作会制订的各项措施的执行情况。

（2）测井后，立即组织通井，根据井径数据对缩径段、遇阻井段反复拉通。

（3）监督套管通径、丈量、清洗，核对下套管数据，检查套管附件、扶正器、固井工具及特殊工艺井的特殊工具（如分级箍、悬挂器等）。

① 检查到井套管的产地、钢级、壁厚、尺寸、扣型是否符合设计，"三证"是否齐全；亲自监督套管的丈量、通径、螺纹清洗和编号。

②下套管前检查套管附件，核对其扣型、尺寸是否与将入井套管扣型、尺寸一致；检查其到井附件质量清单和产品试压单、合格证。

③审查、复核施工单位提交的下套管记录，复查下套管数据、排列、下深、阻流环位置、短套管位置、分级箍位置和剩余套管数量等。

④检查套管钳、动力系统、扭矩表、扭矩记录仪、扭矩报警仪运转情况。

⑤套管专用密封脂、强力黏结剂符合规范要求。

（4）检查井眼准备、钻井液性能情况，通井深度必须满足地质提供的套管下深要求。

①下套管前根据电测井径对阻卡井段、全角变化率超过设计规定的井段、电测井径小于钻头名义尺寸的井段等认真通井，保证井眼通畅井下无复杂。控制起下钻速度，防止压力激动引起井眼坍塌。

②通井循环时维持钻进钻井液性能，循环排量要求由小到大，单阀开泵顶通，循环正常后开双阀，直到正常钻井排量，环空循环至少两周，现场监督确认干净后起钻，进行下套管作业。

（5）旁站监督下套管全过程，检查下套管过程坐岗人员是否到位，检查下套管上扣扭矩、灌钻井液、悬重变化、扶正器下入数量及遇阻情况。

①监督施工单位在下套管前将防喷器半封闸板更换成与套管尺寸相匹配的闸板芯；使用设计要求的套管专用密封脂，每根套管上扣前认真检查螺纹，并均匀涂抹经检验合格的套管螺纹密封脂，方准对扣。

②套管上钻台前每根戴好护丝，上提下放过程中不得磕碰，提示施工单位下套管操作要平稳、下放速度要均匀。

③监督施工单位套管上扣扭矩必须达到标准要求。严禁错扣套管下入井内，卸扣时要防止下部套管倒扣落井。

④监督施工单位按设计要求的型号、位置和数量下入扶正器。

⑤在下套管过程，监督悬重变化、井口返钻井液情况，有异常及时督促施工单位采取措施。

⑥按照设计要求及时灌浆，钻井队做好时间、根数、悬重、深度、灌浆量等项记录。

⑦ 下套管过程中在进入油气层前或复杂地层前小排量开泵顶通一次，破坏钻井液结构力，防止套管下到底后无法开泵建立循环。

⑧ 套管下到设计井深，要核对下入深度，检查现场剩余套管及附件数量，悬挂器是否坐到位置，顶丝是否顶到位，确认方入数据准确无误后，灌满钻井液，循环。

⑨ 循环要缓慢开泵，排量由小到大，泵压正常后，排量逐渐增至设计循环排量。正常排量循环应不低于两周。

十一、固井作业

（1）组织开好协调会，审查施工单位提交的固井设计、水泥化验数据和水泥及添加剂"四证"，有关参数、水泥品种等要与设计相符。

（2）要求固井队做好设备的检查、地面管线试压，协调相关单位固井施工作业，保证固井的连续施工。

（3）检查到井固井设备是否满足施工要求；督查固井前发现问题的及时整改，严禁带病进行固井作业。

（4）参加固井施工准备会，落实固井协作会要求的各项内容。

（5）现场监督旁站注替水泥全过程，检查、了解水泥浆密度情况，施工过程出现异常督导施工单位采取补救措施。

（6）固井注水泥结束后，观察水泥是否返出地面，要求钻井队对套管头双侧四通循环阀门进行清洗；旁站监督固井队拆卸水泥头，打好联顶节备钳，避免下部套管转动。

（7）固井施工碰压后，泄压观察有无回水、是否断流，然后管内打压至设计完井试压压力，稳压 30min，压降 ±0.5MPa 为试压合格。

（8）施工结束，监督施工单位严格执行候凝措施。

（9）与固井工程师核对固井施工数据，填写"固井施工记录表"，并随完井资料一起上交。

第六节　钻井工程各阶段专项检查现场监督要点

一、一开验收时现场监督要点

（1）检查各施工队伍及施工人员的资质情况、特殊岗位持证情况。

（2）熟悉工程合同和钻井设计，了解邻井的地质、工程技术资料，掌握设计重点和难点；针对实施井的难点、井控安全、防碰要求等，按工序、分阶段找出关键控制点，并制订详细具体的保障措施。

（3）对照设计确认井位的复测坐标；落实注水井的停注、泄压等情况。

（4）落实井场周围环境是否符合井控实施细则要求，发现问题及时以书面形式向建设单位汇报。

（5）监督天车、转盘、井口三者中心偏差必须小于10mm，转盘水平偏差必须小于1.5mm，确保钻井设备的安装质量。

（6）检查导流器、压井管线、节流管汇、放喷管线是否符合要求，检查气动、液动控制系统是否按井控规定及要求安装固定。

（7）确认钻井仪表齐全且灵活好用。

（8）督促施工单位对钻井设备进行带压试运转。

（9）检查加重设备、固控设备、循环系统安装是否合理，净化设备是否齐全好用。

（10）核查到井钻井液材料的名称、数量及"四证"情况，落实钻井液加重剂、加重钻井液是否符合设计要求。

（11）检查施工单位钻井器材、工具准备是否符合合同和工程设计要求。

（12）督促钻井队编制钻井工程综合施工大表和钻井工程施工进度图，并在钻井过程中随时跟踪描述。

（13）查看施工区域及邻井的地层、岩性、油气水分布、地层压力等资料，重点了解钻探地区易井涌、井喷、井漏、坍塌等复杂井段的层位，以及邻井在相应井段的处理经过、结果、经验教训等资料。

二、钻开油气层及其他各次开钻前监督要点

1. 钻开油气层前监督要点

（1）气井在进入油气层前 50～100m，按照工程设计的最高钻井液密度值，对裸眼地层进行承压能力检验。

（2）建设单位开展地质、工程、钻井液、井控措施等方面的技术交底。

（3）按设计要求完成井控设备的安装和试压。

（4）钻井队完成班组不同工况下的防喷演习，探井或含硫地区钻井还应进行防硫化氢演习。

（5）执行双坐岗制度和钻井队干部 24h 值班制度。

（6）钻井液密度及其他性能符合设计要求，并按设计要求储备加重钻井液、加重剂、堵漏材料和其他处理剂。

（7）所有钻井设备、仪器仪表、井控装备、防护设备及专用工具、消防器材、防爆电路和气路的安装应符合规定，功能正常。

（8）钻井队向钻井承包公司和项目建设单位提交验收申请，钻井承包公司和项目建设单位共同组成验收组进行检查验收。

2. 其他开次监督要点

（1）组织或参加各次开钻前的检查、验收，发现严重影响工程质量和井控安全的问题，要求施工单位及时制订整改方案，并监督实施，待达到规定要求后方可开钻，并做好记录。

（2）在现场对上道工序的工程质量进行确认，如有问题及时向建设单位汇报。

（3）监督施工单位是否按照钻井设计规定组装井口、节流、压井、放喷管汇、控制装置等。监督井控装置和套管试压过程，试压符合设计规定，做好记录。

（4）参加钻井队组织的工程技术、井控措施和井控应急预案交底会；检查钻井液密度等性能、现场加重钻井液和加重材料的储备是否符合要求。

（5）对入井钻具、工具、套管及附件的丈量、登记、制表、绘图、质量、数量等进行检查，确保入井套管、钻具、工具准确无误。

（6）及时分析井下情况，协调解决好各施工方的生产衔接，对下步工作提出相关技术要求。

三、钻进期间监督要点

（1）监督施工人员严格执行各项操作规程。发现有严重违章现象和事故隐患要坚决制止和限期整改，做好相关记录并下达备忘录。

（2）钻遇煤层、碳酸盐性等特殊岩性时，监督施工单位做好防漏、防喷的技术措施和相关的材料准备。

（3）检查内防喷工具的准备和使用、综合录井仪器钻井参数、有毒有害气体检测仪和正压式呼吸器的配备等情况是否符合规定要求。

（4）监督施工单位严格按钻井设计要求跟踪测斜，及时掌握井眼轨迹状况，并跟踪作图；及时对每次测斜数据进行分析，并做好数据的收集整理。

（5）对完井（或中途完井）测斜资料，要求测井现场提供全井轨迹计算数据，确认符合钻井设计要求后，方可进入下道工序。

（6）监督施工单位严格执行井控管理规定中的钻开油气层前的检查、验收制度；检查钻开油气层的井控措施和应急预案的落实情况。

（7）检查工程参数录取、设备仪器保养情况，确保仪器灵敏、可靠，参数录取齐全、准确；检查远程控制台仪表压力等是否符合要求，各三位四通阀位置是否正确，液控管线是否完好，司控台空气压力是否符合要求，各表压与远程控制台压力是否在允许误差范围内。

（8）钻开油气层前，监督钻井液人员按设计数量、品种在钻井液中加入足够的保护油气层的处理剂。

（9）督促施工单位做好取心前的井眼、钻头、工具、附件准备，检查取心工具组装，落实技术措施和各项准备工作；监督施工单位在取心过程中严格执行取心技术措施和操作规程；做好取心作业有关资料的收集、整理。

四、完井期间监督要点

（1）针对完井期间的井下情况，参与制订通井技术措施；检查钻井液性能，起钻电测前油气上窜速度要满足测井、固井作业的井控安全要求。

（2）检查到井套管的规范是否符合钻井设计书中要求，并且管体的标识（国别、钢级、壁厚）是否清晰可见，护丝是否齐全；抽查管体有无锈蚀、伤痕、变形等；抽查接箍与本体的连接余扣是否符合标准要求。

（3）检查是否用标准通径规逐根通径；在清洗螺纹时检查内、外螺纹有无损伤、断裂、变形等；检查套管的丈量、排列、编号是否规范；检查工程、地质是否分别丈量、计算、归口、校对；检查不合格套管是否单独另放、是否有明显标志；检查备用套管是否符合要求。

（4）监督施工单位电测后必须认真进行通井，起下钻无阻、卡，循环充分，井壁稳定；检查通井深度是否满足地质提供的套管下深要求。

（5）下套管时，检查落实封井器闸板芯子是否换成与套管匹配的尺寸。

（6）复核施工单位提供的下套管记录（排别、下深、阻位、短位、分级箍、悬挂器位置及剩余套管规范、数量）。

（7）监督施工单位采用合格的套管专用密封脂；监督套管连接扭矩必须达到标准规定；监督现场按施工设计的数量和位置下入扶正器。

（8）下套过程中，随时掌握悬重变化、钻井液灌入量和返出情况，发现问题及时采取措施。

（9）套（尾）管下至设计深度后，核对下入深度（检查现场剩余套管数量）、悬挂器位置、顶丝是否顶到位、方入数据等，确认正确无误后，灌满钻井液后循环。

（10）审查施工单位提供的水泥浆化验数据、固井施工设计（指技术套管、油层套管）；参加施工前的固井协调会，并做好记录。

（11）监督注、替水泥浆全过程。施工过程中，出现返出量、压力有异常等情况，要做好记录，及时分析原因，提出建议，督导施工单位采取补救措施；施工结束后，参加各施工单位的综合分析会，汇总、统一相关数据，确保数据齐全、准确。

（12）监督施工单位按设计要求试压；监督钻井队严格执行候凝措施，按设计要求测固井质量。

五、钻井液维护监督要点

（1）监督核查每次到井钻井液材料名称、生产厂家与批号、"四证"及数量、包装、标示、外观质量。"四证"不全、内容不相符的，一律不得入井使用，并责令施工单位运离井场。必要时向甲方申请对产品化验复查，拒绝不合格产品上井。

（2）各次开钻前，检查钻井液的配制、预处理或转化工作，检查钻井液用材料的准备情况，旁站监督检查钻井液性能是否符合设计要求。

（3）钻井过程中每天检查固控设备的使用情况、钻井液性能，使钻井液体系、性能参数符合设计及施工作业要求。

① 检查固控设备的使用情况，使用率达到有关要求，督促施工单位及时维护、保养，提高净化效果。

② 每天两次对钻井液性能进行检查，其中至少有一次旁站监督钻井液全套性能的测量。

③ 不定期抽查钻井液的维护处理情况，监督施工单位做好钻井液体系的转化工作。

④ 监督施工方定期对常用仪器（密度仪、马氏漏斗、六速旋转黏度计）进行自校，检查钻井液测量仪器是否配套齐全，鉴定校验标识齐全有效。

六、油气层保护作业监督要点

（1）检查钻开油气层前的申报验收制度的落实和保护油气层材料的准备情况。

（2）根据地质预报，旁站进入油气层前50~100m保护油气层材料按设计品种、数量的及时加入，监督特殊施工作业对油气层不产生损害。

（3）施工过程中督促施工方合理组织、加快钻井速度，减少钻井液对油气层的浸泡时间。

（4）监督井队加入的钻井液材料不影响现场录井质量，检查探井钻井液材料是否影响地质录井。

七、井控与 HSE 监督要点

1. 井控工作

（1）检查各次开钻前的井控设备安装是否符合设计要求。

（2）旁站全套井控设备按设计要求试压；检查井控设备的维护保养。

（3）督促四种工况下的防喷演习，检查钻井井控细则九项制度的落实情况。

（4）每次下钻到底要测后效，计算油气上窜速度。

2. HSE 监督要点

（1）查收各施工单位提交的"两书一表"和应急预案，检查紧急预案、逃生路线等相关措施制度的建立和落实情况。

（2）核查施工队伍上岗人员的持证情况，检查操作人员上岗按规定穿好劳保用品，检查睡岗、乱岗、脱岗现象。

（3）检查施工现场的防碰天车、差速器、正压式呼吸器等关键安全、环保防护设施是否齐全、可靠。

（4）查收各次开钻前和重点工序施工前的自查、验收。

（5）检查根据季节特点制订和落实安全环保措施的情况。

第七节　应急程序与措施

一、钻井复杂或事故的处理

（1）钻井复杂、事故发生后，会同甲乙方及地质监督、钻井队长、钻井工程师、钻井液工程师等相关人员，认真分析井下状况和造成复杂或事故的原因，并根据相应井下状况提出解决方案、意见建议。

（2）及时向建设单位和主管部门汇报。汇报内容包括：

① 复杂或事故的性质，发生时间、井深和井况。

② 发生前的作业状况，正常作业时的悬重、各项作业参数、扭矩等。

③ 发生时和发生前后的钻井液性能及变化。

④ 卡钻事故要汇报计算的卡点深度，断钻具事故要汇报计算的落鱼长及鱼顶位置、落鱼结构等。

⑤ 目前井下状况和发生复杂或事故后所采取的措施。

⑥ 汇报现场初步判断发生事故复杂的原因。

（3）根据建设单位下达的书面处理方案，督促并审查钻井公司制订具体切实可行的处理措施，经建设单位同意后实施。

（4）处理前准备：

① 监督井队提前全面检查保养设备、处理地面钻井液，并根据处理方案配备处理用钻井液和解卡液。

② 检查到井处理复杂或事故所使用的井场材料和工具，有检验合格证并确认无问题后方可入井，掌握处理复杂或事故工具的使用方法及使用时的相关要求。

③ 督促钻井工程师绘制入井处理工具草图。

④ 监督工具在井口的连接和组装，检查防塌、防喷、防漏措施及材料准备情况。

（5）严格监督把关复杂或事故处理的全过程，严防进一步复杂化和次生事故发生。若遇异常情况，及时向建设单位汇报征求书面处理意见，并做好记录。

① 要严格遵循有关规定，严禁违章作业、违章指挥。

② 旁站复杂井段起下钻作业，旁站事故处理的关键环节，如磨铣、导铣进鱼、打捞等。

③ 检查控制起下钻速度、起钻灌钻井液方量是否准确及坐岗情况。

④ 落实坐岗和干部值班制度，加强安全检查和设备检查，严格执行井控管理规定。

（6）复杂或事故处理完后，召开处理复杂或事故总结会，及时编写和上报专报及总结，内容按规定格式编写，数据要真实、齐全、准确。

二、溢流的处理

（1）发现溢流或疑似溢流，监督立即关井检查，严禁强行起下钻到安全井段或循环观察，并监督安排专人值班；同时保证现场通信畅通，随时与上级部门保持联系。

（2）发生溢流后，第一时间向建设单位和主管部门汇报。汇报内容包括发生溢流时的工况、溢流量、关井情况、关井后的立压和套压、至汇报时的立压和套压变化，以及初步估计的溢流流体性质、钻头位置、钻井液性能、溢流前的钻时变化和井下情况变化等。

（3）检查关井后的全套井控装备工作状况，重点检查井控装备是否泄漏，需要长时间关井时用手动锁紧装置锁紧半封或全封闸板。如井控装备出现泄漏或其他异常情况时，及时向建设单位汇报并立即采取措施。

（4）在关井或压井过程中，出现下列情况之一，应采取控压放喷措施，但需征得建设单位和有关部门同意，钻井监督不得擅自决定放喷，放喷时严格执行井控设计要求。

① 钻遇浅气层。

② 浅气井井口压力超过套管鞋处地层破裂压力所对应的允许关井压力。

③ 井口压力超过井控装备的额定工作压力。

④ 井口压力超过套管抗内压强度的80%。

⑤井控装备出现严重的泄漏。

⑥地层流体为天然气或含硫化氢等气体时,应及时在放喷口点火。

(5)根据建设单位下达的方案,做好压井前的准备工作,并严格按照"安全第一"的原则和建设单位下达的溢流处理方案实施压井,严防次生事故发生。

①准备工作:

(a)根据压井施工设计,配制足够的压井钻井液,并有足够的加重材料和其他材料。

(b)召开溢流压井施工会,确定施工方案,落实安全、技术措施,做好人员分工,明确岗位职责,并将压井施工会议及压井准备情况向建设单位汇报。

(c)计算各项压井施工数据,组织压井材料。

(d)下达溢流压井作业指令,严防压井过程中发生事故。

(e)施工作业前,检查全套井控装备及钻井设备、压井设备、准备工作、消防器材和消防设备,并对压井管线及压井设备按要求进行试压。

(f)有硫化氢的井,检查正压式呼吸器的数量,能否正常工作,并进行演练。

②压井作业施工:

(a)过程中要随时注意井口、井下情况变化和井控装备的检查,尤其立压、套压变化。出现异常情况立即向建设单位汇报,请示下步方案后实施,并做好记录。

(b)压井时应用分离器分离油气,并在分离器排气管线出口处点火。

(c)压井过程中各岗位分工明确,一人指挥。钻台人员和钻井液循环罐要用对讲机联络,严禁用手机。

(d)压井作业完成后,观察有无套压、立压,确认压井成功后开井观察,并循环处理钻井液,检测油气上窜速度,确认无问题后,向建设单位汇报,经建设单位同意后才能进行下步作业。

(e)压井作业完成后,要求施工单位及时召开总结会,并及时编写专报和总结,数据要真实、齐全、准确,并及时上报。

三、硫化氢溢流的处理

（1）发现硫化氢气体溢出地面，浓度超过 15mg/m³（10ppm），立即启动应急程序，用手摇式报警器报警，立即实施关井，并采取以下措施：

① 立即安排专人观察风向、风速，确定受侵害的危险区，并安排专人在钻台、圆井、钻井液循环罐、井场周边、下风口方向检测硫化氢浓度。

② 切断危险区的不防爆电器的电源。

③ 安排专人佩戴正压式空气呼吸器到危险区检查泄漏点。

④ 非作业人员撤入安全区。

（2）硫化氢浓度达到 30mg/m³（20ppm）时，启动防硫化氢应急预案，并采取以下措施：

① 作业人员佩戴正压式呼吸器。

② 指派专人至少在主要下风口距井口 100m、500m 和 1000m 处监测硫化氢，需要时监测点可适当加密。

③ 实施井控程序，控制硫化氢泄漏源。

④ 撤离现场的非应急人员至安全区域（包括营房区人员）。

⑤ 清点现场人员。

⑥ 切断作业现场可能的着火源。

⑦ 根据需要通知救援机构。

（3）发生硫化氢溢流后，第一时间向建设单位和主管部门汇报当前情况，征求建设单位对溢流的处理方案，并做好记录，根据空气中硫化氢含量由上级相关部门决定是否通知地方政府。

（4）压井过程中，钻井液 pH 值调至 11 以上并加入适量除硫剂。

第二章

地质监督

第一节 监督职责

地质监督是派驻录井工程项目作业现场的甲方代表，依据国家的有关法律、法规、政策，以及中国石油天然气集团有限公司、油田公司制定的有关石油勘探开发的技术规程、规范、标准、地质设计和甲方批准的施工设计对录井工程实施重点工序、关键环节的监督，监督工程质量、工程进度、安全措施，协调各施工环节。

（1）熟悉油田区块地质特征及钻探目的，严格执行钻井地质设计，对现场录井作业负监督责任。在执行地质设计过程中，发现问题及时向相关部门提出建议，征得甲方同意后方可按程序修改、实施并记录在案。

（2）对录井队伍资质、仪器设备的安装和运行状况、邻井资料、录井材料准备情况等进行检查和验收，对验收不合格的提出书面整改要求。

（3）录井施工过程中，监督录井队按照钻井地质设计和录井规范收集和整理各项录井资料，确保资料齐全准确；监督录井人员结合区域、邻井资料及时进行地层对比，落实标准层、标志层、卡准层位及取心层位、井段，落实油气显示，严把资料质量关。

（4）在钻井作业的过程中，若确有特殊或复杂地质情况，必须报告主管部门同意并以补充设计或书面指令方式变更；对录井过程中的安全、环境保护等进行监督，对于可能出现的风险，要求进行现场有效识别，规避安全风险。出现安全事故，应及时向主管部门汇报。

（5）负责地质录井原始资料的现场审查工作。

（6）每日及时规范填写监督日志，对现场查出的问题进行记录、销项闭环。

（7）完井后提交《监督完井总结报告》，并对监督质量进行阶段性地质讲评。

第二节　监督权力

（1）有权制止乙方不符合合同、标准及设计的作业行为。

（2）有权根据合同对作业队、设备、资质、工序质量、资料进行检查、验收。对不合格的设备、不称职的人员有权提出撤换。有权拒绝违反工艺纪律、操作规程的人员上岗。

（3）有权制止使用不符合质量要求的材料和工具。

（4）对检查、验收不合格的工序，有权制止其进入下道工序作业。

（5）有权根据现场变化情况对工程设计提出修改意见。

（6）有权对乙方存在的质量、安全、环保、井控方面的问题签发问题整改通知单或停工指令。

（7）有权签字确认现场工作量和质量。

（8）有权对质量和资料进行验收，参与对施工单位的考核。

（9）有权拒绝建设单位或其他部门的违章指挥。

第三节 工作制度

一、录井条件验收制度

（1）按照合同、地质设计的有关规定，严格检查地质录井施工条件、使用仪器设备是否安装到位、能否保证准确录取地质资料。

（2）坚持按录井技术规程及合同要求做好录井前的准备工作。

二、地质交底制度

录井前对地质设计及特殊要求进行地质交底。

三、油气显示落实制度

（1）钻达目的层、钻遇油气显示，复查落实每层显示段油顶、油底、油气显示级别和特征。

（2）认真复查每一个储层，不放过任何可疑显示层，保证油气显示发现率达到要求。

四、重点层位、关键工序时段旁站监督制度

（1）钻井取心、卡层、出心、完钻卡层时段要求旁站监督。

（2）测井、下套管、固井等工序关键节点的旁站监督。

五、卡层现场把关制度

（1）完钻卡层是钻井地质工作的重点，卡准完钻井深、及时与决策部门沟通汇报。

（2）取心卡层时，依照取心原则及要求，卡准取心井段和层位，及时掌握钻遇地层，准确判断，做到卡层准确，确保取心层位卡准率达到要求。

六、质量和安全目标控制制度

（1）资料质量控制：资料齐全率、资料取准率、油气显示发现率、钻井取心层位卡准率、剖面符合率、各项原始资料及图幅数据差错率达到二类（良好）资料标准以上。

（2）按照QHSE体系风险识别和地质设计要求，把录井全过程质量—安全风险细化到点。

（3）隐患整改复查要求：所有现场查出的隐患问题、现场违章必须下达书面问题整改通知单并实行整改复查的闭环管理。

七、资料验收制度

（1）检查原始资料的齐全、准确、规范。

（2）对录井队现场提交的各项原始资料、文字总结报告、图表等进行全面的审查。

八、汇报制度

（1）每日定时向主管部门汇报井深、进尺、地层、岩性、油气显示、钻井液性能、工程简况、取心情况和存在的问题等。

（2）井下复杂或特殊作业混用原油调整钻井液性能时，须请示主管部门同意并采取有效工艺措施消除影响方可实施。

（3）出现异常情况（井涌、井喷、井漏）应随时向钻井监督站报告。

（4）当实钻与设计出入较大时，应及时向主管部门汇报，并提出修改设计建议。完钻需请示主管部门同意。

（5）每筒岩心出筒初描后，应及时向主管部门汇报收获率、岩性、油气显示情况。

（6）出现异常情况与执行设计有矛盾时，应随时向主管部门汇报。

（7）超高压钻进时的报告，每日晨报除常规规定外，还应包括进口、出口钻井液相对密度、黏度、温度、电阻率和氯离子的含量；钻进井段的气测背景值，各深度点气测值，CO_2、硫化氢的含量及钻速等；dc指数，泥岩密度，预计孔隙压力，试验破裂压力（取当日最后一点和异常点数据）。

九、地质监督完井提交资料

（1）监督计划书（电子版、纸质）。

（2）监督完井报告（电子版、纸质）。

（3）整改单、备忘录、监督指令（纸质）。

（4）各次开钻检查表、批准书（纸质）。

（5）事故复杂报告（电子版）。

（6）取心统计表（电子版）。

第四节　工作流程和程序

一、地质监督工作流程

接受《钻井地质设计》、开工验收、相关地质交底、地质录井过程监督、完井阶段监督资料填写。

二、接受任务和录井前的准备

1. 录井准备

（1）熟悉钻井地质设计，了解录井服务合同，明确钻探目的，掌握设计具体的录井要求。

（2）收集和了解与本井有关的邻井地质资料，特别要了解钻探地区易井喷、易井漏、易坍塌井段和复杂井段的层位。

（3）编制地质监督工作计划书并进行地质交底。

（4）井场工作所需的用品、用具和各项记录图表齐全、规范。

（5）检查其录井设备、仪器、分析化验试剂，荧光对比系列及取样器皿等地质用品是否规范、齐全，达到质量要求。

（6）审查录井队提交的 HSE "两书一表"及相关内容。

（7）监督录井人员按地质设计和录井合同要求，检查各种录井仪器的安装位置和工作状况；检查录井前钻具、套管丈量、编号和记录。

（8）参照邻井资料进行分析对比后，已开发区块要求录井队至少准备两口以上邻井资料，要求值班房"三图一表"上墙挂图。

2. 设备安装

（1）值班房摆放符合井场设备摆放原则，与振动筛处于同侧，距离井口 30m 以上，距振动筛 15~20m，且期间无障碍物，暗室通风良好，逃生通道畅通；所有设备摆放应符合 SY/T 6348《陆上石油天然气录井作业安全规程》的要求。

（2）值班房观察窗口与井架大门右侧之间不能有遮挡物，安全门灵活，疏散通道畅通。

（3）管线、电缆、电线架设牢固、安全、规范。

（4）钻井液高架槽（管）坡度不大于2%，钻井液出口管最低点与高架槽（管）底面的高差不得超过0.2m。

（5）在钻井液出口管和振动筛之间应有适合安装脱气器及密度传感器等的缓冲罐。调节缓冲罐出口挡板，确保缓冲罐内液面高度符合要求。

（6）在钻井液罐、钻井泵、钻台、节流管汇等处均应具备传感器安装条件，且液压转换器上应留有安装大钩负荷、立管压力、套管压力、液压扭矩的三通接头。

（7）仪器设备应标示制造厂家、出厂时间、投产时间、仪器型号、自编号。

（8）对各种辅助设备（如绞车传感器、压力传感器、电动脱气器等）应按标准要求进行检查。

（9）按《地质设计》、井控管理细则要求，合理安装硫化氢报警仪。

3. 电路电器安装

（1）钻井施工单位应提供电压220V或380V±10%，频率50Hz±2Hz，间断时间不大于0.1s，确保发电房地线接地良好。

（2）所有传感器信号电缆带电不得大于36V，室外连接处用防水接头连接、绝缘材料包扎，应具备防爆性能。

（3）电源线不得有短路、断路和漏电之处，发电房与仪器房之间的供电线路中应有过载、断相、漏电保护。漏电电流不大于30mA。

（4）仪器房安放平稳，其接地线直径不小于10mm、埋深不小于0.6m、电阻不大于4Ω。

（5）高架槽（管）坡度不大于2%，钻井液出口管最低点与高架槽（管）底面的高差不得超过0.2m，且振动筛处装有防爆照明设施及防护栏。

（6）电热器、烘样烤箱应距墙壁0.2m以上，周围禁放易燃易爆物品，烤箱电源线应单独连接。

（7）宿舍房电气系统的安装符合用电器标准电压和功率，正确选用供电线、闸刀、熔断器、漏电保护器，规范安装，室内照明灯（防爆灯）不大于60W，应急灯处于备用状态。

（8）线路老化、绝缘层脱落、接触松动或有打火现象，应及时派专业人员更换、检修。

4. 防火防爆

（1）井场及仪器房内禁止使用明火（动用电焊等明火应向井场属地主管申请，经属地安全主管批准后，由钻井队协助录井队进行动火作业）。

（2）仪器房应符合防爆要求。安全门、逃生路线图、电源线、插头插座等布设应符合安全部门有关规定。

（3）录井仪地线必须使用铜心线，地线棒直径不小于10mm，并打入潮湿地面下0.5～1m，值班房内装有防爆开关。

（4）进入仪器房不穿有铁钉的皮鞋，防护服应符合防静电要求。

（5）值班房内不应存放非试验用易燃易爆品。

5. 劳保护具

录井工作人员上班时间劳保护具穿戴齐全、着装统一，防护用品完好，捞取砂样时必须佩戴护目镜。

6. 消防器材

（1）地质录井值班房、仪器房中每个房间内应至少各配2具3kg以上二氧化碳灭火器，放置在醒目并便于拿取的位置。

（2）消防器材要定人定岗管理，定期检查保养，严禁挪为他用。

7. 有毒有害气体检测仪

（1）配备年检合格的四合一便携式有毒有害气体检测仪至少2套（录井期间必须保持正常工作并处于连续监测状态）。

（2）定期对硫化氢探头、气体检测仪进行标定与检验，有室外报警器。

（3）固定式硫化氢监测仪每周校验1次，校验误差小于±10%，响应时间小于30s（样品浓度的50%）。

（4）硫化氢、CO监测仪报警值及采取措施发现异常应服从钻井队的统一指挥，并配合做好相关工作。

（5）第一级报警值应设置在硫化氢含量15mg/m^3（10ppm），第二级报警值应设置在安全临界浓度硫化氢含量30mg/m^3（20ppm），第三级报警值应设置在150mg/m^3（100ppm）。

三、录井作业过程现场监督

（1）每天审查各项录井原始资料、数据和各类样品。

（2）检查录井仪器的工作状况，传感器、色谱的灵敏度和仪器校验标定，执行录井质控体系手册。

（3）检查岩屑荧光、系列对比密度符合技术要求，实物荧光滤纸等保存合理。

（4）钻井过程中，对钻具资料清楚，尤其是特殊作业下的钻具倒换情况。

（5）落实油气水显示，监督执行油层保护措施。

（6）在发现油气显示及发生其他异常情况（如井涌、井漏、井喷等）时，向录井人员提出检测、取样（包括钻井液真空蒸馏样品）和分析（包括烃类气相色谱图解释）等具体的要求，并监督实施。

（7）做好重点井段岩屑的观察、描述，及时将钻遇地层的岩性与设计进行对比，做好随钻分析和预告，特别是钻达目的层段之后，要对是否按设计完钻、是否提前或推迟进行判断。

（8）在钻井液槽面发现油气显示或出现气测高峰值时，监督录井队做好详细的观察记录，推算现实的深度、层位，并及时复查岩屑、落实显示的岩性和荧光级别。

（9）录井过程中，钻遇油气显示（槽面见油气泡，气测异常）及发现井漏、溢流、井涌、井喷等情况，督促录井人员观察、记录各种现象和数据；协同钻井监督督促钻井队采取有力措施防止井漏和井喷事故的发生，保护好油气层。

（10）录井过程中监督各项录井工作，岩屑录井要洗净、量足，具有代表性；及时湿干滴照荧光、浸泡定级；岩屑烘干，描述及时；及时发现油气显示；检查迟到时间的实测与理论计算，以及油气上窜速度的计算。

（11）地质监督要及时复查岩屑，及时落实地层界限、特殊岩性、标准层、标志层及油气显示层。

（12）关注钻井液性能的变化，及时分析引起性能变换的原因，做好压力预测，有异常情况下及时告知工程监督。

（13）由于井漏、井涌、井喷需要调整钻井液性能时，督促作业队伍尽可能使性能的调整不致影响录井资料的真实性，并记录堵漏或压井处理措施及效果。

（14）取心作业时，要卡准取心井段和层位；取心工具到井底和割心前，要校准井深和进尺；出心时，地质监督应在现场检查岩心整理与丈量过程；检查岩心分段、定名、描述记录是否符合标准；观察岩心出筒、装盒、清洗各道工序，记录岩心出筒时的油、气、水显示情况。

（15）监督录井队的岩心整理、观察描述和取样，分析样品除按设计规定选样外，可针对特殊岩性、化石和地质疑难问题选样品，并及时将岩心和样品送基地做分析化验；审查岩屑、岩心进库清单，督促录井人员及时将剩余岩屑、岩心、地化分析样品及油、气、水样品装箱运回基地。

（16）督促检查录井队及时收集气测异常段的气样，进行现场气体全脱分析及后效观察；要求全脱分析密度符合标准，后效记录归位准确。

（17）监督录井队做好井下复杂情况的各项资料录取工作及工程事故预报。

（18）监督现场气测异常解释及时，结果符合标准要求。

（19）监督录井队在井漏、井涌或井喷时，在安全的前提下，按录井设计做好各项资料的录取工作。

（20）提前完钻或加深钻探必须报主管部门同意后方可实施。

（21）在整个钻井过程中，尤其是处理井漏、井涌、井喷和进行地震测井、电测井时，应与钻井监督及时通报有关资料和数据。

（22）按设计向钻井队提供地层预告、压力异常预告、油气水及有害气体预告。

（23）依照 QHSE 现场地质录井检查表要求，对存在问题、隐患及时开具"问题整改通知单"，要求按期整改并验证闭环。

四、完井阶段地质监督工作

（1）进行测井、井壁取心、测试及下套管固井等作业时，配合相关人员提供各项作业所需的地质数据。

（2）审查对井壁取心含油气情况和岩性的现场观察、描述。

（3）督促录井人员整理好各项原始资料，审查岩屑、岩心进库清单，督促录井人员及时将剩余岩屑、岩心、地化分析样品及油、气、水样品装箱运回基地。

（4）钻井地质监督工作以声幅测井结束并固井质量合格后，方可容许录井人员和设备撤离现场。

第五节　水平井施工中的地质监督工作

一、水平井重点工作

（1）掌握钻井地质设计，掌握导眼井、邻井及区域资料，设计轨迹剖面，现场监督绘制随钻井眼轨迹剖面图，跟踪分析，明确地质导向。

（2）及时按斜深、井斜角跟踪确定相应的井斜角、垂深、水平位移、靶前距。跟踪井眼轨迹，判断储层的含油性。

（3）进入目的层 A 点前，认准 1~2 个明显特征的层作为标志层，根据地质需要确定卡层界面，确保着陆的储层是油层，井眼轨迹控制在油层顶部。

（4）参与井眼轨迹控制，协调定向作业队伍严格执行轨迹设计和轨迹变更设计。

（5）要求录井队进入目的层段分别在振动筛、除砂器处捞取两套岩屑样，除砂器处岩屑量保持原始状态晾干或烘干。

（6）卡层前加强大斜度时，对转盘钻具和涡轮钻具钻时变化进行对比，根据现场现有资料，及时分析钻盘钻具和涡轮钻具钻时变化差值，排除干扰因素。

（7）要求录井队加强在混油状态下的荧光干湿照；勤做迟到时间试验，理论计算和实测法相结合，以实测法为主。

（8）应用录井资料、随钻感应电阻率、伽马和 LWD 资料判别井眼位置和储层的含油性。跟踪应用随钻资料卡好着陆点 A 点，追踪 B 点。

（9）协调录井施工方与导向服务方之间的资料共享、仪器安装，指令符合井身轨迹调整要求，达到设计目的要求。

二、水平井各类异常处置

（1）在钻井过程中录井油气显示异常。

（2）在卡准 A 点过程中，与设计有较大出入，如 A 点提前，设计 A

点位置未见储层或油气显示，设计位置未见油顶。

（3）在水平井钻井过程中，在发现荧光减弱、见到泥岩、气测值成倍降低、伽马成倍增大、电阻率有规律降低时立即停钻循环等待下步指令；各项资料、岩屑等特征表明是水层迹象时，立即停钻循环等待下步指令。

（4）对以上情况，地质监督及时报告主管部门，必要时可指令停钻循环，以便及时决策和调整设计。

第三章

测井监督

第一节 监督职责

测井监督是派驻测井工程项目作业现场的甲方代表，依据国家的有关法律、法规、政策，以及中国石油天然气集团有限公司、油田公司制定的有关石油勘探开发的技术规程、规范、标准、工程设计，和甲方批准的施工设计对测井工程实施重点工序、关键环节的监督，监督工程质量、工程进度、安全措施、协调各施工环节。

（1）监督施工单位按合同、设计、标准、监督指令作业，核查测井现场作业安全，对测井原始资料的品质负责。

（2）了解现场钻井状况，对于卡钻处理井、溢流及漏失井、压差系数偏大井要做有针对性的安全提示。

（3）了解完钻测井通井状况及区域测井曲线响应特征和钻井井筒内外信息。

（4）检查施工单位各项资料是否齐全（资质与资格、测井作业"两书一表"、技术规范及邻井相关资料）。

（5）施工过程中出现遇卡严重及资料品质出现问题必须及时汇报。

（6）整理资料，编写和上报监督报告。

第二节　监督权力

（1）有权制止乙方不符合合同、标准及设计的作业行为。

（2）有权根据合同对作业队、设备、资质、工序质量、资料进行检查、验收。对不合格的设备、不称职的人员有权提出撤换。有权拒绝违反工艺纪律、操作规程的人员上岗。

（3）有权制止使用不符合质量要求的材料和工具。

（4）对检查、验收不合格的工序，有权制止其进入下道工序作业。

（5）有权根据现场变化情况对工程设计提出修改意见。

（6）有权对乙方存在的质量、安全、环保、井控方面的问题签发问题整改通知单或停工指令。

（7）有权签字确认现场工作量和质量。

（8）有权对质量和资料进行验收，参与对施工单位的考核。

（9）有权拒绝建设单位或其他部门的违章指挥。

第三节 工作制度

一、旁站监督制度

以下重点工序关键节点要求旁站监督：

（1）井场摆设（绞车、放射源车与源罐、滑轮连接）。

（2）放射源管理。

（3）电缆下放速度。

（4）资料质量监督。现场测井原始资料质量控制执行 SY/T 5132《石油测井原始资料质量规范》。

（5）遇阻遇卡时严格按照遇阻解卡规程操作。以上作业如发现违章操作和安全隐患要及时制止，立即督促整改，并做好相关记录。

二、质量和安全目标控制制度

（1）车间主刻与校验：所有下井仪器上井前必须进行主刻和校验，且数据准确可靠；现场测前测后校验，数据齐全，误差在允许范围内，执行测井质控体系手册。

（2）下井仪器应正确连接，牢固可靠。

（3）测井速度：下井仪器的测井速度不许超标，仪器组合测井时，以最低测速仪器的速度测井。

（4）曲线的重复性：在测量井段的中上部采集大于 50m 的重复曲线段（碳氧比能谱测井重复曲线井段长度不少于 10m，核磁共振测井不少于 25m，井周声波成像测井、微电阻率成像测井不少于 20m，点测及特殊测井项目除外），重复曲线与主曲线的误差控制在允许的范围内。

（5）曲线形态要求：图头数据齐全准确；曲线变化正常，无跳跃和平头；在已知地层有正确测井响应，如出现曲线异常与畸变，必须补测验证；如是系统问题，应更换仪器重测；如是偶然误差，应做解释；将所有原始测井资料进行组合，进行相关性对比，进行现场验收。

（6）曲线补接要求：同一趟次测井或不同趟次测井由于井况原因导致的接图，应符合不同曲线重复井段要求，不符合要求的重新采集。

（7）深度要求：测井深度与表层套管下深的误差不超过 ±0.5m，与技术套管下深误差不超过 0.1%，如超过误差，应查明原因，现场找不到原因的，应更换或在下次测（中间）完井时用另外电缆深度标定过的测井队伍进行复查，排除电缆标定误差；各测井曲线间的深度误差在误差范围内，超过误差的，评定为不合格，重新采集。

（8）隐患整改复查要求：所有现场查出的隐患问题，现场违章必须下达书面隐患整改通知单并实行整改复查的闭环管理。

三、施工过程异常汇报制度

（1）反违章汇报要求：依据测井作业与技术规范等文件，及时制止和纠正施工方的违章行为，所有现场查出的隐患问题、现场违章，必须下达书面问题整改通知单并实行整改复查的闭环管理。

（2）事故汇报要求：发生测井工程事故，无论事故能否及时处理，必须在 1h 内及时上报，并根据事故处理进展及时总结反馈。主要汇报内容包括事故时间、地点、事故时工况、事故经过描述、事故损失、事故原因分析、经验教训及认识。

四、资料收集与管理制度

（1）监督记录及时录入要求：测井完一口井后，收集齐全各项施工数据，包括基础资料、测井过程检查、施工过程与建议、监督检查问题、整改情况汇总及事故调查报告等。

（2）单井测井完成后，及时将收集的资料数据总结以电子文件的形式保存，以便今后查阅使用。

五、测井总结与质量问题分析制度

（1）参加测井工程质量安全问题或事故的分析会。

（2）编写单井测井监督工作总结，作为监督完井上交资料。

六、测井监督完井提交资料

（1）监督计划书（电子版、纸质）。

（2）监督完井报告（电子版、纸质）。

（3）整改单、备忘录、监督指令（纸质）。

（4）开工检查表、批准书（纸质）。

（5）事故复杂报告（电子版）。

第四节 工作流程和程序

一、测井监督工作流程

测井监督工作流程：接受任务和作业前的准备→到达井场后的检查→测井作业的现场监督→特殊情况处理→测后监督检查与资料验收。

二、接受任务和作业前的准备

（1）以钻井地质设计为依据，测井监督要求了解钻井地质设计中与测井作业有关的内容及要求；由测井监督与地质监督共同对完井测井通知单进行签字审核。

（2）现场测井监督在接受监督委派后首先应对作业井所处的地质构造位置、构造类型、油气藏类型及其特征进行了解，收集邻井资料，熟悉地区特性和规律，掌握所测区块各曲线响应特征；测井监督赴井场前对测井队的装备、人员、施工准备情况进行监督检查；准备好有关证件和所需用品及有关工作表单。

三、到达井场后的检查

（1）及时检查钻井场地准备情况，了解井身结构、钻井液性能、有无井下复杂情况；了解地质录井情况，观察显示层段岩心与岩屑，有气测录井的，收集油气上窜速度。

（2）现场对测井队伍资质及人员资质、HSE两书一表、设备资质、刻度校验报告、检验报告、电缆票等进行检查，组织测井队人员核实仪器外径、长度、仪器串组成、承重部件额定负载等关键数据，不符合要求的不整改合格不得开工。

（3）组织或参与召开测井协作会，测井队、钻井队、录井队、钻井液承包商、钻井监督、连续油管承包商等相关方参加，各相关方互相交底，介绍井下情况及各种风险提示。测井承包方明确仪器组合、下井顺序、测量项目和井段，讲解施工注意事项，告知施工 QHSE 风险，共同签订施工安全协议，在质控点、风险点所涉及的所有质量控制措施和安全预防措施得到详细落实后，签订"作业前现场多方联系会审核清单"。

四、测井作业的现场监督

（1）安装监督：对天地滑轮的本体完好性、润滑性、转动性和附件的完好性予以检查；安装滑轮的高度、固定符合测井技术规范；对不同测井工艺张力计的安装位置和校准予以确认。

（2）安全监督：应重点检查放射性源的现场摆放、标识和圈闭；重点检查电缆运行区间的圈闭和警示标识；重点检查消防设备的完好性；及时纠正现场违章行为，制止井场人员靠近危险作业圈闭区域。

（3）工序监督：仪器测前刻度在误差范围内；对电缆起下操作进行监督，绞车工按照井口工的指挥操作，现场通信畅通；电缆起下速度符合测井匀速，不超最高测井速度（4000m/h）要求；放射性源装卸人员穿戴劳保护具上岗，督促做好井口防掉和放射源装卸无关人员撤离到安全区域工作；仪器遇阻遇卡按照类型使用不超过最大安全拉力的方法解卡，严禁擅自拉断电缆；解卡过程控制人数及圈闭危险区域；测后校验在误差范围内。

（4）质量监督：现场测井原始资料质量控制执行工程设计、测井质控体系手册及 SY/T 5132《石油测井原始资料质量规范》的要求。

五、现场测井资料质量控制监督

（1）曲线精度：曲线变化正常，其值符合区域标志岩性测井统计值，无零值、负值、跳跃和平头。

（2）图头数据包括所用仪器设备数据均应齐全准确；测井系列名称准确完整；要附有准确的仪器连接简图；比例尺改变时，图头加以说明；备注栏应包括曲线异常变化、井眼状况、钻井液氯离子、仪器问题等简述。

（3）深度和深度比例：同趟次组合时，采集的各条曲线深度误差不超过 ±0.2m，每次应测量用于校深的自然伽马曲线；测井井深与表层套管下深的误差不超过 ±0.5m，与技术套管下深误差不超过 0.1%；若超过误差，应将自然伽马由井底测至井口，在套管内同时采集接箍曲线；电缆每 25m 做一个深度磁记号，每 500m（或 200m）做一个特殊磁记号；磁记号不得连续缺失 3 个，且井底和套管鞋不得缺失磁记号。各条曲线按照测井行业深度的要求比例尺出图。

（4）刻度与校验要求：仪器应有正确的车间刻度，且不得超过规定时间；所有的车间刻度测前／测后校验数据齐全，误差应在允许范围内；所有刻度校验数据均应附在原始图上。

（5）测速要求：测速必须达到所有仪器的技术指标要求，测速必须均匀。

（6）重复性要求：在测井前，测量井段中上部、井眼规则、曲线变化明显段采集大于 50m 的重复曲线（电成像大于 20m 和核磁共振大于 25m），与主曲线的深度误差和重复性控制在允许的误差范围内。

（7）曲线标记要求：所有曲线的符号正确、无遗漏。

（8）横向比例要求：同一道内的曲线采用不同的颜色或线体类型。

（9）图面要求：主要看图头数据是否正确；备注栏是否对要说明的问题都有记述；刻度是否齐全；主曲线是否对曲线名称及井底、套管鞋、曲线异常都有标注；是否附有重复曲线和仪器示意图。

（10）因钻井工程、地质等复杂因素，或温度和压力超过当前的测井仪器性能指标时，经采取措施后，测井曲线的质量仍达不到 ST/T 5132《石油测井原始资料质量规范》的指标，但不影响测井解释时可作为合格资料，否则不作评级资料处理。对不评级资料和不合格资料应有详细说明。

六、特殊情况处理

（1）仪器下放遇阻时，可以低于正常下放速度的速度和正常下放速度的速度各试下一次，如仍不能下去，应在钻井监督在场的情况下，再用正常速度下放一次，如仍不能下去，至此，提出仪器通井。

（2）仪器上提遇卡时，首先应判断仪器遇卡的类型，是电缆黏附卡还是仪器遇卡，然后按仪器的悬重算出电缆上提所允许的最大拉力（由测井工程师计算），按测井工程师的权限拉到最大拉力。

（3）放射源及民爆物品的处理方法包括：

① 放射源：测井队有专人全程负责放射源安全管理，包括借源、押源、卸源、还源，该负责人要经过体检合格，确定可以从事放射性工作，并熟练掌握装源、卸源方法和防护方法。

② 装源者卸源，卸源时要盖好井口及其周围网洞。

③ 卸源后必须对源仓进行冲洗。

④ 测井队有专人全程负责民爆物品领取，路途检查，现场施工，队伍返回后及时将余料退库。

⑤ 放射源落井、丢失等及时上报并督促做好应急处置。

七、测后监督检查与资料验收

（1）测井原始资料由作业队长依据质量验收标准进行验收，并在测井"资料验收记录"中签字。

（2）合格的测井原始资料由作业队长在图头中签名作为合格标识，并由操作工程师妥善保存其完好。

（3）操作工程师以图头方式对测井原始资料进行标识，标识的内容有井号、井深、测井时间、测井项目、仪器编号、测井队号等。

（4）不合格资料由操作工程师隔离、销毁，作业队进行返工，直到合格。

（5）让步资料应得到生产建设单位的签字认可后，方可按照让步的内容进行检验和放行。

（6）现场测井监督检查测井原图是否合格，并核对测井作业时间及工作量。

八、返回基地后的工作

（1）编写测井监督报告。

（2）督促测井队 24h 尽快将测井原图、胶片、光盘等资料送回基地进行室内验收；对测井施工质量、作业能力、资料质量、服务态度做全面评价；对施工单位普遍存在的测井资料质量时效等问题进行总结，找出问题的原因和解决的方法，通知施工单位改进。

第五节　现场测井作业检查

一、测井现场安全检查

（1）只有当钻井液和井眼条件稳定后才能实施测井作业。

（2）从测井操作间到钻台应视线开阔；如不可能则应有互相通信的工具，夜间作业应保证钻台灯光适当。

（3）钻台应干净清洁，所有的钻井液积水应冲洗干净，冲洗钻台的水不能混入钻井液中。

（4）测井时，地滑轮的固定链条应固定在钻台本体上，而不能固定在钻台附体部件上，且此链条能承受的最小力为电缆破断力的5倍。

（5）天滑轮用钻井队（试油队）吊卡吊挂后，用软连接按要求进行二次固定。

（6）天地滑轮和张力计上的销子应固定好。

（7）应使用刮泥器，保持电缆清洁。

（8）当在地面连接仪器时，无关人员应远离测井仪器。

（9）当仪器下井时，所有无关人员应远离滑轮、电缆和滚筒。

（10）测井操作间内不得超过三人，无关人员不得进入。

（11）测井期间严禁交叉作业。

（12）测井作业期间应注意保护井口。

（13）测井期间测井队督促钻井（试油气）队及时灌注钻井液，确保井筒内灌满钻井液。

（14）每一测井队必须配备一套打捞工具（有专业打捞机构的作业队可不配备）。

（15）严禁测井人员动用钻井队设备，严禁钻井队人员动用测井设备。

二、测井现场设备检查

1. 地面设备检查

（1）地面控制面板：检查测井地面控制系统使用检查保养和维护记录。

（2）运行监测程序显示状态正常，数据采集处理记录和出图工作正常。

（3）各面板安装固定牢固无松动，并符合运输要求；面板的开关按键及操作部件灵活可靠；各面板连接电缆无损伤，通断绝缘良好；无短路漏电现象。

（4）运行系统自检程序进行测试。

2. 下井仪器

核实下井仪器的检验合格证。

3. 绞车系统

（1）绞车型号，生产厂家，启用日期及使用、检查、保养和维护等记录内容是否齐全准确。

（2）绞车系统清洁、润滑、紧固、调整、防护、保养良好。

（3）电缆滚筒制动安全可靠，转动控制自如。

（4）液压油位正常，液压管线、气压管线无渗漏，液压、气压、温度显示正常。

（5）电缆导向轮盘绳器转动灵活；滚动和支架的固定螺栓齐全牢固。

（6）给操作台及液压电路供电，绞车面板各项参数设置正常，张力、深度、速度显示清晰准确，差分张力变化灵敏，张力报警装置、通信系统正常。

（7）马丁代克测量轮、辅助轮转动灵活；测量轮磨损少，深度测量准确，有定期校验深度报告。

4. 测井电缆

（1）电缆使用检查、维护保养等记录内容齐全真实、准确。

（2）电缆无打扭和打结。

（3）外层铠装钢丝无挤压冲击和卡夹等明显伤痕。

（4）钢丝无严重腐蚀锈蚀，外层钢丝无氢脆现象。

（5）电缆应经过校深或注磁标记。

（6）电缆清洁干净，在绞车滚筒上排列整齐。

（7）盘绳器导向轮、马丁代克的测量轮及辅助轮、天地滑轮应与电缆保持滚动接触。

三、现场安装检查

1. 测井车辆摆放

（1）是否按要求设置隔离带，各类警示标志设置放置是否符合相关要求。

（2）测井绞车停放在井场的位置，应能保障电缆在绞车滚筒上排列整齐，电缆在绞车滚筒与井口滑轮运行的轨迹范围内无障碍物。

（3）放射源车停放，离工作区较远，不影响下井仪器刻度结果和作业人员安全健康。

（4）放射源车停放在测井作业队视线范围内，有专人防护。

（5）放射源车停放处设置防电离辐射标志牌。

（6）其他车辆设备应平行摆放在仪器车的上风处，与仪器车的距离以方便生产为宜。

2. 绞车摆放距离

（1）钻井架吊装，绞车距井口25～40m。

（2）采油树吊装，绞车距井口25～30m。

（3）绞车的摆放，电缆滚筒中心应对准井口，并与井口地滑轮在同一直线上，前轮回正，并在后轮下放好掩木。

（4）仪器车到绞车、井口、井场电源接线板的连线间绝缘大于50mΩ。

（5）各用电设备接地良好，无漏电现象，安装防漏电接地棒。

（6）按要求完成电极地面线、张力线、喇叭线、深度信号线的布线和连接，自然电位地面电极距井架50m，且接地良好，井场无漏电现象。

（7）作业区域内夜间照明良好。

（8）测井时操作绞车与井口之间通信良好。

3. 井口安装

（1）井口链条是否按要求固定在井架的大梁上，天滑轮、张力计、T型棒是否采用专用销子连接，并锁定在井队游动滑车吊卡上，天滑轮二次固定装置是否按要求正确使用。

（2）测井时钻井队是否将井口转盘和游动滑车销死。

（3）严禁任何人员跨越电缆，测井时仪器车后严禁站人。

4. 仪器连接

按测井施工设计要求起吊，连接好符合本次测井项目的下井仪器，并按不同测井项目的技术要求在下井仪器上安装好扶正器、偏心器等辅助设备，后通电检查，确定仪器是否工作正常。

四、测井作业

1. 测前检验

（1）需要进行测前刻度的仪器（如自然伽马、密度、中子、地层倾角等仪器），应进行测前刻度，刻度的误差在容许的误差范围之内。调用的密度中子感应主刻度是在规定时间内最近一次做出的，仪器号源号要与主刻度一致。

（2）下井仪器连接好后，操作工程师应先确认无误后再供电、进行测前检验。

（3）在井口使用刻度器进行刻度时，应盖好井口防止刻度器落井（如做井径、自然伽马、补偿中子、密度刻度等），刻度器使用后应及时收回，防止遗失。

（4）检查所测项目对应的仪器的刻度是否在规定的范围内。

（5）严禁修改刻度文件中的任何数据。

2. 重复段测量

（1）以不大于 3600m/h 的速度下放仪器，在井眼不好和造斜点、井底位置等应减速。

（2）重复曲线的测量按标准规定测量，重复曲线的测量位置应符合相应标准的要求。

（3）遇阻时以正常速度下放 3 次，若还遇阻，要求井队通井，禁止猛冲猛下仪器。

3. 主测井

（1）严格监视电缆速度显示，控制测井电缆下放或上提速度符合技术标准要求；及时判断下井仪器和测井电缆在井筒内的遇阻遇卡情况发生。

（2）按相关技术规范及要求完成规定的测井任务。

（3）井口坐岗人员监控井口设备和电缆的运行，发现异常（如电缆跳槽电缆钢丝不平整，以及钻井液喷涌、有毒有害气体溢出井架落物等）应及时向作业队长报告，并按照相关要求和操作规范采取应急措施。

（4）下井仪器出入井口时，应有专人在井口指挥。

（5）操作工程师按照相应操作规程控制地面和井下仪器完成数据采集和记录。

（6）曲线格式及其摆放符合要求。

（7）不得随意加大滤波参数，保证仪器分辨率不降低。

（8）根据测井过程，填写（测井）"作业记录""地面仪器使用与维修记录"，取全取准各项资料。

（9）作业过程中，作业队长对各岗位及动力设备的运转情况进行安全巡回检查，发现隐患及时解决。

（10）按相关要求处理遇阻遇卡问题。

4. 测后检验

（1）测后校验装置与测前校验装置相同。

（2）测后校验满足规定的校验条件。

（3）曲线测量完成后，在裸眼段套管内或地面进行测后校验。

（4）测后校验内容和测前校验相同。

（5）校验误差满足规定的误差容限，测后效验值超过误差范围，应更换仪器重测。

（6）提供测后校验报告。

第六节　现场监督检查结果与处理要求

（1）测井监督对测井承包方在正常测井期间因不执行设计及施工标准，造成施工质量达不到要求，测井监督可下发"停工整改通知单"，限期整改，测井承包方整改完成后反馈"销项回执单"，经测井监督、生产建设单位管理人员核查验收合格后方可进行下步施工。

（2）对质量和安全问题已造成事实，无法补救，视影响工程质量和安全的严重后果，依据生产建设单位决定，按程序上报处理结果或建议清退队伍等。

（3）因其他相关施工单位违反操作规程等对测井作业造成的影响，由测井监督与其他专业监督一起对各分管承包商进行相应处罚。

（4）核查中查出的问题，测井监督应记入"监督日志"及"整改通知单"，同时要做问题消项整改记录，并归类备案，作为对测井承包单位的考核依据。

第四章

试油监督

第一节 岗位职责

试油监督是派驻试油（气）井工程项目作业现场的甲方代表，依据国家的有关法律、法规、政策，以及中国石油天然气集团有限公司、油田公司制定的有关石油勘探开发的技术规程、规范、标准、工程设计，和甲方批准的施工设计对试油工程实施重点工序、关键环节的监督，监督工程质量、工程进度、安全措施、协调各施工环节。

（1）依据试油（气）工程设计，熟悉公司区块的地层压力情况，对施工相关方做出风险提示，严格执行工程设计，对各工序的施工过程负监督责任。在执行工程设计过程中，发现问题及时向相关部门提出建议，征得甲方同意后方可按程序修改、实施并记录在案。

（2）对施工队伍资质、设计及作业计划书、作业人员的培训持证情况验收达标。

（3）对井口、井控设备、地面管汇、分离器的安装、试压和运行状况进行监督。

（4）负责入井工具的连接组配的数据核实工作，对入井工具、材料准备情况等进行检查和验收，检查是否具有准入资质，对验收不合格的提出书面整改要求。

（5）施工过程中，监督施工队伍录取，规范收集和整理各项资料，确保资料齐全准确。

（6）负责射孔、压裂、钻塞、试气、冲砂等工序全过程监督，监督施工前进行井控应急演练，验收合格，确保施工期间井控安全。

（7）对施工过程中的安全、环境保护等进行监督，对于可能出现的风险，要求进行现场有效识别，规避安全风险。出现安全事故，应及时向主管部门汇报。

（8）每日及时规范填写监督日志，对现场查出的问题进行记录、销项闭环。

（9）完井后提交《监督完井总结报告》，并对监督质量进行阶段性讲评。

第二节 监督权力

（1）有权制止乙方不符合合同、标准及设计的作业行为。

（2）有权根据合同对作业队、设备、资质、工序质量、资料进行检查、验收。对不合格的设备、不称职的人员有权提出撤换。有权拒绝违反工艺纪律、操作规程的人员上岗。

（3）有权制止使用不符合质量要求的材料和工具。

（4）对检查、验收不合格的工序，有权制止其进入下道工序作业。

（5）有权根据现场变化情况对工程设计提出修改意见。

（6）有权对乙方存在的质量、安全、环保、井控方面的问题签发问题整改通知单或停工指令。

（7）有权签字确认现场工作量和质量。

（8）有权对质量和资料进行验收，参与对施工单位的考核。

（9）有权拒绝建设单位或其他部门的违章指挥。

第三节 工作制度

一、试油开工验收制度

（1）检查设计是否审批，按照设计及 QHSE 作业计划书的要求，严格检查井场是否符合施工要求、设备安装试压合格，设备、仪器的相关检验检测报告合格有效。

（2）对施工现场进行井控、安全、环保检查，对查出的问题下发问题整改通知单并验证闭环。

二、设计交底制度

（1）施工前，参与施工队各方联合组织的设计交底，协调落实设计相关要求。

（2）变更设计必须经过建设单位审批。

三、应急演习制度

（1）作业队在每口井作业前要组织全队人员学习井控设计规定，落实井控操作岗位。

（2）制订井控应急预案，井控管理组织机构，机构成员分工及职责，发生险情的应急响应程序，内外部应急资源等。

（3）依据施工内容，在起下油管（钻杆）、起下非标准外径工具、空井筒发生溢流、井口无防喷器发生溢流等工况下，按应急程序定期进行防喷、防火、防中毒演习。

（4）对管线刺漏、硫化氢中毒、防洪等定期开展应急演习。

（5）起下管柱及时灌液，建立坐岗记录，坐岗数据真实有效。

四、重点工序、关键环节旁站监督制度

（1）射孔、压裂、钻塞、冲砂、气举、放喷排液等关键工序要求全

过程旁站监督。

（2）对大修、打捞及井况复杂井关键节点的旁站监督。

五、入井材料把关制度

（1）施工前对入井材料的数量、规格型号、检测报告、资质专项检查验收，不符合要求的材料不得入井。

（2）配液灌上有标号（液体类型、数量）、编号，内外是否清洁干净，用水水质是否符合设计标准。

（3）所有化工料、添加剂等数质量与施工设计是否相符；液体配制后是否循环均匀，小样检验（压裂液测基液黏度、交联性能、交联剂pH值）等符合设计要求。

六、QHSE目标控制制度

（1）资料质量控制：资料齐全率、资料取准率、各项原始资料及图幅数据差错率达到二类（良好）资料标准以上。

（2）按照QHSE体系风险识别，把作业全过程质量、安全环保风险细化到点。

（3）隐患整改复查要求：所有现场查出的隐患问题、现场违章必须下达书面问题整改通知单并实行整改复查的闭环管理。

（4）施工污水回收定点排放制度。

七、资料验收制度

（1）检查原始资料的齐全、准确、填写规范。

（2）对作业队现场提交的各项原始资料、文字总结报告、图表等进行全面的审查。

八、汇报制度

（1）每日定时向主管部门汇报工况、施工参数、工作制度、井控情况、下步工作和存在的问题等。

（2）井下出现复杂或特殊情况时，必须及时汇报主管部门，研究解决实施方案。

（3）发生事故（事件）必须及时汇报。

（4）出现异常情况与执行设计有矛盾时，应随时向主管部门汇报。

九、试油监督完井提交资料

（1）监督计划书（电子版、纸质）。

（2）试油监督完井报告（电子版）。

（3）整改单、备忘录、监督指令（纸质）。

（4）开工检查表、批准书（纸质）。

（5）事故复杂报告（电子版）。

（6）安全技术交底记录；回执单（要闭环）；试压记录；入井工具、材料质量证明文件等。

第四节　工作流程和程序

一、试油监督工作流程

检查核对工程设计及 HSE 作业计划、开工验收、设计及相关安全环保交底、工序施工过程监督、完井阶段监督资料填写、参与完井后的交接。

二、施工前的准备

1. 设计准备

（1）试油（气）地质设计、工程设计、施工设计等齐全到位并审批。
（2）组织施工相关方进行设计交底。

2. 资质、准入相关证件

（1）施工队伍必须持有集团公司签发的有效资质证。
（2）所有施工人员必须持有井控证、HSE 证、硫化氢培训合格证。

3. 设备安装准备

（1）井场必须平整、规格符合要求，保证作业设备行走和操作方便，满足油管、抽油杆等设备、工具用具的摆放要求。
（2）原材料、工用具摆放"一齐全""三条线""三整齐""七不落地"。

① 一齐全：消防设施齐全完好。
② 三条线：计量罐、方池子一条线；值班房、工具房、发电房、工具架、消防设备一条线；油管桥、井口设备一条线（计量罐距井口 30m 以外）。
③ 三整齐：工用具清洁卫生、摆放整齐；照明设备清洁卫生，摆放在距井口 15m 以上，摆放整齐；油管桥距离井口 3m 左右，摆放三行整

齐平稳。

④ 七不落地：油管、钻杆、油杆、下井工具、井口采油树、防喷设施、工用具不落地。

（3）生产区内设置逃生路线图、风向标、安全防火防爆标志，在不同方向上设置两个紧急集合点。

4. 值班房安装

（1）值班房、工具房、发电房距井口 30m 以外，根据风向适当调整发电房的位置。房内保持清洁卫生，工具摆放规格，值班房内的规定图表资料齐全、字体工整、清洁。

（2）生产辅助区与井口、储液罐、放喷管线距离 30m 以外，且在上风方向，安全通道畅通。

（3）值班房内清洁整齐，综合记录、修井机检查记录、油管、抽油杆、钻杆单根记录齐全。

（4）井场油管桥下、井口、修井机下等可能产生油污污染的区域必须铺设防渗布。

5. 修井机安装摆放

（1）修井机停放前后、左右水平，千斤顶下垫木方且吃力均匀，使轮胎离开地面。

（2）井架底座地基应平整坚实，安装符合要求，与井口距离按相应修井机型号规定和现场情况执行，保证井架倾斜角度不大于 3.5°，天车、游动滑车、井口三点中心保持一线，偏差小于 20mm。井架上下体锁块、锁销到位，扶正器工作正确。

（3）井架防风绷绳两对角绳处于井架对角线平面，直径不小于 ϕ16mm，无断丝或打扭。与地面夹角约呈 45°。绳卡 4 个（从上往下打），卡距为绷绳直径的 6~8 倍（通常取 150~200mm），卡子打紧程度为钢丝绳变形 1/3 为宜，所有绳卡方向相同，绳卡的开口朝向工作绳，同一卡距内的钢丝绳长度相同，受力均匀；负荷蹦绳直径不小于 ϕ22mm，无断丝或打扭。

（4）绷绳应距电力线垂直距离 5m 以外，距高压线导线的最小安全垂直距离：110kV—5m；220kV—6m；500kV—9m。花篮螺栓两端挂钩设有保险销或封闭措施，每条花篮螺栓的螺栓伸出长度在各部长度达到要求时，不大于螺栓长度的 1/2（或在观察孔能观察到螺杆为合格）。

6. 电路电器安装

（1）井场用电及线路符合安全防爆要求，电器线路用双层绝缘导线，防爆灯固定牢靠并配备有应急防爆照明灯具，选用防爆电源控制开关应安装在生产辅助区配电箱内，要求各用电系统分别控制。

（2）值班房有可靠的接地线，接地装置埋深不小于 0.6m，保证接地电阻值小于 10Ω。井场临时电缆通过路面时需进行穿管保护并埋地处理，穿管直径为 73mm 或 60.3mm，长度不低于 5m，埋地深度不小于 0.3m。

（3）线路老化、绝缘层脱落、接触松动或有打火现象，应及时派专业人员更换、检修。

（4）室内照明线路及探照灯、井架照明、井场电路安装符合标准；防爆开关盒、探照灯摆在距井口 20m 平整、干燥的位置。配电箱总开关应装设漏电保护器，分闸应距井口 15m 以外，若采用不高于 36V 的安全电压照明，安全电压变压器应防水。输入应采用三芯电缆线，连接配电箱接地。

7. 井控、消防设备安装

（1）按照油田公司《井下作业井控实施细则》要求配备井控装备。

（2）液压防喷器远程控制室安装在面对修井机侧前方且距井口 25m 以远的地方，内防喷工具配备、放喷管线和压井管线的安装、固定、试压符合油田公司《井下作业井控实施细则》的要求，试压合格且在有效期内。

（3）在射孔、起下钻作业时安装符合井控设计要求的防喷器。

（4）使用防喷器前检查防喷器闸板芯子的尺寸与入井管柱或电缆尺寸匹配，单井完试后是否按要求清洗、维护、保养和检查。

（5）施工现场井控设备必须挂牌，标明井控设备的开关状态。

（6）作业现场电器设备、照明灯具及输电线路安装应符合井控安全规定和防火、防爆要求；现场电源线一律用绝缘电缆线，照明及用电设备完整无损、安装合理，符合用电安全规定。

（7）作业现场应有设置醒目的安全标志牌和各种标识牌，且符合国家规定标准，悬挂整齐，保持清洁，标识牌设在对应的位置。

（8）消防器材齐全完好，明确作业井场消防器材的配置。

8. 其他辅助

（1）作业现场应设护栏，并留有进口与出口。

（2）井口方圆 30m 以内不得摆放杂物和易燃、易爆物品。

（3）井口设备、防喷器要有专用橇板装载距井口 3m 左右。

（4）各类管杆上架摆放整齐，摆放不宜超过三层、距地面不低于 0.3m，并有防滚落装置。

（5）井口、修井机、抽油机底座三点一线接地，保持电位差相等。

（6）在作业现场设置风向标（旗），并置于值班室、作业大罐和作业平台上明显的位置。大罐、值班房要有风向标。

（7）紧急集合区设在井场上风口。

（8）现场按规定配备年检合格的四合一便携式有毒有害气体检测仪、硫化氢检测仪，并有校验合格报告。

（9）现场按规定配备正压式呼吸器 28～30MPa，压力低于 25MPa 时应及时充气，全员会正确使用。

第五节　试油单项作业现场监督要点

一、通井作业

（1）要根据油层套管内径选择合适的通井规，通井规外径应小于套管内径6～8mm，其长度不小于1800mm，壁厚5～7mm（特殊情况下通井规长度不小于所下工具长度，外径相同的通井规选择薄壁通井规，水平井使用橄榄形通井规）。

（2）通井规入井前要仔细检查其规格、型号是否符合设计要求，其表面要光滑，无明显划痕、无凹陷、无径向及轴向变形，准确丈量其长度、直径、壁厚等主要技术参数并绘制草图、标注尺寸。

（3）入井油管的规格、数量和钢级应满足工程设计要求，本体及内外螺纹要保持清洁，油管无弯曲、腐蚀、裂缝、孔洞，螺纹要完好，并逐根过规。

（4）丈量油管使用10m以上的钢卷尺，丈量三次，累计复核误差不大于0.2‰。

（5）通井时要平稳操作，下管柱速度控制为0.3m/s，下到距离孔段或预计遇阻位置100m时，下放速度不得超过0.2m/s。当通到人工井底，悬重下降10～20kN时，反复重复三次，使人工井底误差小于0.5m，与设计提供数据核实。

（6）若中途遇阻，悬重下降不大于20～30kN，严禁猛磴、硬压，应平稳活动管柱、循环冲洗。

（7）通井规通过大斜度井段、水平井，下一起一，下钻速度不大于0.3m/s，起钻速度不大于0.2m/s，起钻负荷增加量大于50kN时停止作业，等待措施。

（8）对遇阻井段应分析情况或实测打印证实遇阻原因，并经修整后再进行通井作业。

（9）通井结束后平稳起出通井管柱，检查描述通井规是否完好，落实套管情况。

（10）新井投产施工必须通井，老井按设计要求通井，严禁下带通井规进行其他作业。

（11）通井时必须安装经过检定符合要求的指重表、井控装置及防掉装置，起钻至井内油管不足30根时，必须打防掉吊卡。

（12）通井中途如遇小件落物卡钻，严禁大力上提，应采用轻提慢转的方法活动起钻。

二、刮削作业

（1）根据油层套管内径大小选择合适规格的刮削器。

（2）刮削器固定块、内六角螺钉完好无松动，刀板、壳体无变形，弹簧张力有效，刀板座与刀板配合紧密，水眼畅通。

（3）下管柱时应平稳操作，下管柱速度不大于0.3m/s，距设计刮削井段50m左右时，下钻速度不大于0.2m/s。对设计刮削井段反复刮削不小于3次，再刮至目前塞面，加压30~40kN。

（4）刮削过程必须掌握悬重变化，若中途遇阻，悬重下降不大于30kN时，停止下管柱，由相关技术人员分析、处理。

（5）刮削至井底或设计要求位置后，上提管脚2~4m，按相关技术标准洗井。

三、洗井、试压作业

（1）施工用水水质符合设计要求。

（2）洗井材料为集团公司准入生产厂家产品，检查产品名称、规格、数量、质量是否与设计相符等。

（3）洗井液配制及洗井过程符合施工设计及质量要求。

（4）准备1.5倍井筒容积的洗井液。

（5）严格按照油田公司《井下作业井控实施细则》的要求对井筒、井口、防喷器和防喷井口试压。

（6）洗井开泵时应注意观察泵注压力变化，控制排量由小至大，同时注意出口返出液情况。若洗井正常，外径为139.7mm套管排量一般为400～500L/min，注水井洗井排量可增至580L/min，高压油气井的出口排量不大于50L/min；外径177.8mm以上套管排量不小于700L/min。

（7）洗井过程中，随时观察并记录泵压、排量、出口量及漏失量等数据，泵压升高，洗井不通时，应停泵及时分析原因进行处理，不应强行憋泵。

（8）资料录取齐全，包括洗井深度、液体性能及配方、时间、洗井方式、泵压、排量、入井液量、返出液量、漏失量及其他描述。

四、气举作业

（1）液氮泵车或制氮拖车工况良好，距井口10～20m，若井场达不到要求则尽量摆远，地面平坦、处于上风，若为联合气举，则连续油管车进口管线一侧摆气举车。

（2）气举设备进入施工井场前，必须戴好防火帽。

（3）按标准连接气举流程，高压管线落地垫稳，并打好保险带，活动弯头转动灵活，接头连接处打好安全绳。

（4）气举设备试运行正常，按预计施工压力的1.2～1.5倍或按井口最大承压的80%试压。

（5）气举过程严格按照气举设备相关操作规程的要求操作，保证气举设备和施工安全。

（6）制氮拖车供气出口氮气纯度必须大于95%，否则应调整纯度控制阀，使氮气纯度大于95%。

（7）氮气出口与井口之间流程必须加装单流阀和配套的泄压阀且工况正常。

（8）气举过程如遇特殊情况不得带压整改，必须停机泄压后方可整改。

（9）气举过程中若风向改变，出口处有较浓的天然气飘向运转设备或井场弥漫天然气，应及时停机。

（10）施工过程中，高压区设立高压警戒线和高压警示标志，严禁非工作人员走动、停留。

（11）在相同条件下，液氮泵车举通压力稍高于制氮装置（主要因为液氮泵车排量大，气体压缩快，加之井内液体流速快，相应摩阻高），施工须注意，以免造成误判断。

（12）气举过程中仔细观察施工中压力变化，当出现明显压力下降时，并且压力下降加快，表明氮气已通过管脚。

（13）气举排液井按要求排出液量施工。探井求产气举，要求整个气举流程密闭，按求产制度定时定深气举，准确计量举出液体。酸化井的排液，以强排为主，缩短气举间隔，以减轻残酸对地层的二次污染。

（14）监督操作人员必须认真操作，观察各仪表指示应处于正常工作范围内。

（15）做好施工过程中的环境保护工作。

五、抽汲作业

（1）使用 XJ-350、XJ-450 作业机（捞砂滚筒）作为抽汲动力时，首先应将游动滑车下放，直到平放在小平台侧面的地面上（尽量靠近修井机方向），游动滑车大绳的长度以刚好放松、不承受拉力为原则。

（2）选择 ZYT5140TCY 自走式抽汲车抽汲时，抽汲车应停放在井口一侧地面平整、基础牢靠的位置，并保证抽汲小井架立起后，井口中心、抽汲钢丝绳和天滑轮在同一垂直线内，且偏差小于 20mm。

（3）抽汲管柱应采用 ϕ73mm（内径 ϕ62mm）内倒角油管。

（4）所有入井油管（工具）要逐根通刺过规，并保证最大抽汲深度以上为全通径（ϕ62mm）油管。

（5）按抽汲设计要求组配下入管柱，在抽汲管柱管脚位置应连接一个内径 ϕ50~55mm 的接头，以防止钢丝绳落井。

（6）抽汲作业采用 ϕ15.8mm 或 ϕ19mm 的钢丝绳，钢丝绳的长度要确保抽汲到最大深度时，滚筒上余下的钢丝绳不少于 30 圈。

（7）要每班对钢丝绳进行检查，若发现钢丝绳其中一个捻距内的断丝大于或等于 6 丝，应立即更换。

（8）抽子性能稳定，耐磨性强，抽子外径与油管内径相匹配。

（9）抽汲前必须了解入井管柱结构，确定抽子的最大下深（高于反循环阀等危险点 50m 左右）。

（10）抽汲操作人员必须是取得司钻操作证的熟练人员。

（11）抽汲时应控制抽子下放速度，特别是在抽子进入液面时，谨防钢丝绳打扭跳槽，上提时绞车钢丝绳必须排列整齐，防绳乱，嵌坏，抽汲时操作人员必须精力集中，严禁猛提、猛放、猛刹。

（12）抽汲时抽子在最大沉没深度状态下，绞车钢丝绳不得少于两层。

（13）抽汲时井口必须有专人值班，进行记号提示，以及抽汲胶筒更换和钢丝绳、连接件检查工作。

（14）抽汲作业时，每抽 1 次应对钢丝绳、接头绳帽、抽子胶筒、加重杆连接扣、快速悬挂接头、滑轮、绳卡例行检查，发现问题立即整改。

（15）抽汲时，每班必须录取各类资料，并按时向主管部门汇报。

（16）根据地层供液情况，制订合理的抽汲制度，定深、定次、定时抽汲。

（17）现场每班测定 pH 值和 Cl^-，待液性稳定后，及时取抽汲样品送化验室分析化验。

（18）若地质设计解释为气层则严禁抽汲作业。

（19）酸化排液阶段，若返出液 pH 值小于 7 则严禁抽汲作业。

（20）抽汲前充分进行油、套放空，抽汲过程套管放空处于常开状态，放空点火流程完好、畅通。

（21）抽汲时井口有专人值班，慢下快起，下放速度为 1~1.5m/s 左右，距液面 100m 左右时下放速度不大于 0.5m/s，抽子沉没度不大于 200~300m，以一档速度上提，保证抽汲效率。

（22）发现抽喷预兆时及时将抽子提出，快速关闭阀门。

（23）按要求监测抽汲出口天然气量和硫化氢浓度，并准确填写监测记录。

（24）当出口附近监测到天然气时，及时测量天然气量，并试点火炬，按抽汲作业终止规定停止抽汲，若监测到硫化氢则立即启动硫化氢应急程序。

六、射孔作业

（1）洗井彻底后按设计要求在射孔井段替入射孔液。

（2）按各类射孔方法要求的井身技术状况做好准备。

（3）根据地质设计、套管尺寸、压裂工艺要求选用相应的射孔枪和射孔弹。

（4）根据油层套管内径、井底温度、施工压力等参数选择合适的桥塞及配套的桥塞坐封工具。

（5）检查现场射孔施工设计或方案，以及配炮单符合射孔通知单和地质设计要求（射孔方式、联炮顺序、枪型、弹型、布孔方式、相位角、校深方式、射孔层段、层厚、孔密、孔数等）。

（6）根据测得的 CCL 曲线对深度数据进行校核。射孔深度符合设计要求，误差 ±0.5m 以内。

（7）单次下井射孔弹发射率不低于95%，如果单次发射率低于95%，应进行补孔作业。

（8）射孔施工后，射孔队、监督方共同检查确认。

（9）桥塞外径与套管内径间隙宜在 9~15mm。

（10）炮区域禁止明火和吸烟，接触爆炸物器人员必须穿防电工作服，设置人体静电释放装置。

（11）为提高射孔精度和施工时效，应尽可能采用自然伽马测井校深，特殊原因不能测自然伽马曲线定位时，应征得主管部门同意后方可采用磁性定位器测井校深。

（12）资料录取齐全，包括射孔层位、井段、射孔方式、枪弹型、孔数、孔密、发射率、射孔时间、射井液性质、液面高度、射孔后显示，以及有毒有害气体检测情况等。

（13）应根据工艺特点和作业井井况进行风险分析并制订相应的应急预案。应急预案应包括但不限于以下内容：地面装枪发生爆炸、电缆防喷设备失效、工具串遇阻及遇卡、桥塞提前坐封、桥塞丢手失败、点火失败、中途误射、工具串落井等。

七、压裂作业

（1）压裂施工使用的井下管柱，入井工具应提供出厂检验报告，保证工具合格，工具入井前应测量工具尺寸并拍照，未达到设计要求不应入井。

（2）套管（油管）规格及下入深度、入井工具组合及下入位置应符合井下管柱结构图的设计要求。

（3）根据施工设计等，配备施工所需压裂设备数量、型号等，现场监督和压裂队负责人须确认相关设施符合安全高效工作的要求。

（4）储液罐数量和容积符合设计要求，罐体无泄漏、摆放平稳，阀门操作灵活，罐内无杂质，罐内液体符合施工设计要求。现场酸液罐需有出厂合格证和第三方检测合格证。

（5）高压、低压管汇配套齐全，承压能力符合施工要求。高压管汇应做好使用台账，使用区域稳定工作压力大于70MPa；平台井高压管汇井口段（单流阀到井口之间）管汇检测周期累计不超过600h；平台井大通径管汇检测周期累计不超过600h，压裂车用3in高压管汇检测周期累计不超过400h。

（6）压裂机组水马力满足设计需求，压裂泵送设备的功率储备系数不低于最高施工水马力的1.5倍。压前对超压装置进行检测，确保超压装置可靠。

（7）压裂液添加剂质量符合设计要求，提供有对应业务检测资质单位出具的检验报告；现场配液用水应干净，现场做小样不少于2样次，满足设计液体性能指标。

（8）入罐液体配制顺序、液量、性能应满足设计要求，施工前各罐取样检测；可变黏滑溜水施工期间取样检测黏度、pH值，保留纸质记录。返排液配液前，现场做小样不少于2样次，满足液体性能配置要求；压前和每段施工中检测均不少于2样次，施工压力异常时应及时取样检测。

（9）支撑剂厂家与支撑剂品种应取得中国石油天然气集团有限公司产品质量认可证书。每批支撑剂应出具合格证和第三方检测报告，更换批次需要第三方性能检测合格后，方能入井。每段进行取样，每10段样品进行混合，取适量送检。

（10）支撑剂计量要求井场门岗、工程监督、压裂队三本台账数目统一，保证支撑剂入场量；在条件允许时采用地磅或电子吊钩等方式监控直井入井数量，仪表计量与实际用量误差在 ±3% 之内。

（11）根据施工限压，通知压裂车操作手按指令设置压裂车超压值。压裂车超压值设置应分台阶进行。

（12）高压管汇在施工前按以下要求试压，高压试压稳压 5min，外观无可见渗漏、压降不超过试压值的 2.5% 为合格；低压管汇试压，外观无可见渗漏；试压值为套管头额定压力；记录并打印试压报告。

（13）主压裂前确保水、酸液、入井支撑剂材料和化学添加剂的量充足；确保所有阀门在正确的开关状态；开始泵入滑溜水，缓慢提升泵的排量直至达到设计排量。

八、酸化作业

（1）现场酸化工程设计、施工设计、HSE 作业计划书、应急预案等齐全有效，酸化工程设计明确各阶段酸化反应物，风险识别和控制措施到位。

（2）施工井场平整、无油污、无电缆线及其他影响施工设备摆放的井架绷绳、油管等杂物。

（3）施工设备配备符合设计要求，现场摆放由专人指挥，并处于井场的上风口，水泥车与井口距离不小于 10m，排污罐处于下风口，要求视野开阔，便于观察井口，发生异常情况时便于人员疏散和撤离。

（4）井场内严禁明火，进入井场内的车辆必须安装和启用有效的防火罩，停于上风口，距井口距离不小于 30m。

（5）施工管线的连接与固定符合要求，酸化井口有试压合格证，压力等级符合设计要求。

（6）酸液性能应符合 SY/T 6334《油水井酸化设计、施工及评价规范》的规定。

（7）施工前泵车排空彻底，上水良好，排空及洗泵的液体要排入工程罐中。

（8）高压危险区域设置高压警戒线，并在醒目位置摆放高压警示牌。

（9）施工前按硫化氢应急预案要求组织涉酸施工人员进行防硫化氢演习。

（10）按设计要求对地面流程进行试压，试压合格后方可施工。

（11）施工过程严格遵守酸化设计泵注程序，施工最高压力不得超过设计限压值。

（12）实际施工参数与设计参数符合率要达到98%以上。

（13）施工过程防止酸液腐蚀皮肤、衣物或溅入眼睛。

（14）施工和放喷过程非工作人员禁止进入高压区域，工作人员禁止在高压区域停留，禁止靠近或跨越高压管线。

（15）施工结束后按设计要求进行关井反应。

（16）放喷时每小时监测一次硫化氢和可燃气体浓度，发现硫化氢和可燃气体，每20min监测一次，监测时两人同行，并佩戴正压呼吸器，监测过程严禁上大罐。

（17）发现硫化氢浓度超标应立即停止施工，按防硫化氢应急预案执行。

（18）准确落实每天返排液量、液性（含油）、硫化氢浓度、天然气量、返排率、氯根、井口压力、油嘴规格等资料。

（19）排液罐内备10%的氢氧化钠水溶液，保证充分吸收从井里可能排出的硫化氢气体。

九、打水泥塞作业

（1）打水泥塞管柱入井前要逐根检查、丈量、复核，丈量误差不大于0.2m/km，并认真做好油管单根记录。

（2）井筒畅通完好，套管内壁清洁，用压井液大排量替出井筒内全部溶液，压井液用量不少于井筒容积的1~2倍，压井至无溢流、无漏失、无气侵、进出口密度一致为合格。

（3）将打水泥塞管柱下至设计要求深度（替水泥浆深度），要求入井油管用符合标准的油管规逐根过规。

（4）按设计要求安装井口、连接地面高压管线并试压，井口及地面高压管线水压密封试验值应为作业压力的2倍,不刺不漏为合格,水龙带必须拴保险绳。

(5)检查好提升动力设备(修井机)、井架、游动系统、工具、水泥车性能、井况等符合设计要求,井场必须有备用的水泥车或橇装泵并能满足施工要求。

(6)按设计要求计算水泥浆量和干水泥量,备足清水(包括配水泥浆、隔离液、循环洗井用水)、干水泥及各类添加剂。2500m内井深可用75℃油井水泥,2500m以上井必须使用95℃油井水泥。

(7)施工前取水泥样做水泥浆初凝、终凝、流动度试验和添加剂配方试验,满足安全施工要求,现场有试验报告。

(8)现场备用井筒容积1.5倍的压井液。

(9)按设计要求循环洗井至进、出口液性一致,并保持井筒内稳定。

(10)施工人员必须劳保护具齐全,并佩戴口罩和护目镜。

(11)按设计要求密度和浆量配制水泥浆,配制过程要搅拌均匀,不得混入杂物,并按稠化试验结果加入缓凝剂,不得混入杂物,水泥浆密度不得低于1.85g/cm³。

(12)配水泥浆的水和隔离液的水必须与稠化试验用水一致。

(13)按设计要求正注入前置液、水泥浆及替置液,控制顶替排量为300~400L/min,顶替量应准确无误,保证油套管水泥浆面平衡。

(14)用非清水压井打水泥塞时,修井液前后均需要替入适量清水作隔离液,井深超过3500m的井必须采用优质性能修井液。

(15)上提管脚至设计水泥塞面以上2~3m,反循环洗出多余水泥浆。

(16)从配水泥浆开始到反洗井结束的时间应小于水泥浆初凝时间的70%,从配水泥浆到反洗井开始所经历的作业时间不能超过初凝时间的50%,反洗井中途不得停泵。反洗井液量不得少于管柱容积的2倍以上。

(17)注入水泥浆后修井机出现故障不能起钻,则应立即反循环洗出水泥浆并启动应急预案;若工作水泥车和备用水泥车都出现故障不能洗井,则立即起钻并启动应急预案。

(18)上提管脚距作业井段100m以上(射孔井段以上套管如有破漏

者，打水泥塞后管柱必须全部起出；套管完好，打水泥塞管脚必须提至射孔井段顶界 30m 以上候凝），井筒灌满工作液，关井候凝 48h，井口密封无渗漏，以防水泥塞上移。

（19）候凝时井内必须稳定，油套管液面必须在井口，高压不稳定井采取憋压候凝，一般憋压 3～5MPa。

（20）候凝后探水泥面时应缓慢加压管柱，加压 15～30kN 探得两次深度相符，水泥塞面深度误差不大于 ±2m，并按设计要求试压合格。

（21）水泥塞厚度一般应在 10m 以上，封堵层顶界到水泥塞面的距离必须大于 5m，打水泥塞后井筒口袋深度应符合地质要求。

（22）必须打两个水泥塞封井时，第一个水泥塞应在已射开井段顶部以上 50m 内，第二个水泥塞面按设计要求确定。每个水泥塞均应探水泥塞面且经试压合格。

（23）下探无水泥塞面时，将管柱提至原候凝深度，避免未经凝固的水泥浆将管柱堵塞或固住。

（24）现场监督及时、准确签发排污单回收作业污水，施工方按规定打好铅封后到指定地点排放，并做好详细收污记录。

十、打桥塞作业

（1）校对指重表，保证工作灵敏、可靠。

（2）下桥塞前选择符合设计要求的通井规通井，验证套管有无变形。

（3）选择符合设计要求的刮削器，平稳刮削至设计要求位置，并在桥塞坐封位置 ±5m 段套管反复刮削 3～5 次，上提管脚 2～4m，按设计要求大排量循环洗井，保证套管内壁干净清洁。

（4）检查送井桥塞规格型号是否符合设计要求，说明书、合格证是否齐全，桥塞是否完好（上、下卡瓦牙形是否良好，表面有无裂纹，橡胶筒表面有无刮伤等）。

（5）检查管柱（包括各种转换接头）的密封性能、强度及内径，保证钢球能顺利通过，按要求连接送塞工具与桥塞。

（6）准确计算坐封深度：可钻桥塞坐封深度 = 桥塞胶筒中部至上端面长度 + 坐封工具长度 + 管柱长度 + 方入 + 油补距。

（7）下打塞管柱时必须匀速、平稳，下钻速度控制在 0.2~0.3m/s，严禁猛停猛放，防止顿钻、溜钻；接触液面、造斜点、套管悬挂器、套变点时进一步缓慢下放。

（8）桥塞下至设计位置时，按设计要求投入钢球，一般采用自由落体到位，当井底压力大时，可采用小排量循环送球到位。如果是水平井作业，投球后 5min 即可大排量泵送。钢球在清水里下落速度约 61m/min。

（9）用水泥车打压坐封，打压坐封时全部采用硬管线连接，并试压 25MPa，不刺不漏为合格，上提管柱 0.35m。油管打压，使桥塞胶筒和上卡瓦胀开时，压力应逐渐升至 5MPa，稳定 5min，再慢慢升至 8MPa，稳压 5min。使下卡瓦胀开时，管内加压至 12MPa（5in 工具）、10MPa（7in 工具）、12MPa（5in 改造工具），保持压力 5min。

（10）夹层小于 3m 时，桥塞坐封前应对管柱进行校深。

（11）压力每升高 5MPa 时，稳压 3~5min，当压力达到 20MPa 未丢手，可采用以下方式丢手：桥塞坐封位置必须高于套管接箍位置 1m 以上。桥塞丢手现象判断：泵压下降、环空外溢则桥塞已经坐封；带压缓慢上提，管柱负荷（不计悬重）50~80kN 继续打压至管柱产生较明显的振动（释放螺栓颈部拉断的冲击），压力表压力下降时，桥塞坐封并丢手。保持压力不变，缓慢上提管柱，直至丢手。$4\frac{1}{2}$~$6\frac{5}{8}$in 的桥塞，理论值 16MPa 丢手，7in 的桥塞，理论值 32.2MPa 丢手。

（12）下放管柱探塞，在不损坏套管的前提下吨位下降 100~150kN，核实塞面位置，下探桥塞是否下移。

（13）下探桥塞合格后上提管柱至坐封位置以上 3~5m，关封井器或坐井口正打压 15MPa，稳压 30min，压降不超过 0.5MPa 为合格（对桥塞以上有射孔层段的井，应提出管柱和坐封工具，下封隔器隔开油层对桥塞试压）。

（14）起出、检查井下全部管柱和送塞工具，核实数据，做好相关记录。

十一、钻磨桥塞作业

（1）钻磨、冲砂洗井工具串入井前，应准确校核泵车实际排量。

（2）管串平稳入井，下放速度直井段宜不大于 20m/min，斜井段应不大于 15m/min，水平段应不大于 10m/min，在探得桥塞面前 20m 宜将速度控制在 5m/min 以内。

（3）工具串下钻至井斜 30°附近应定点循环脱气并测试进出口排量和管损摩阻。

（4）实际钻压宜在 5～20kN，最大钻压不宜超过 40kN。施加钻压应缓慢，若出现钻磨速度缓慢、无进尺等情况需要短起，则应循环短起至造斜段，再循环下入继续钻磨通井。

（5）钻磨过程中，泵注排量应满足井筒环空、返排出口的流体返速不低于 48m/min，油嘴尺寸的选择应满足返出量略大于泵入量，差值宜为 50～100L/min。

（6）可溶桥塞每钻磨通过 5～8 个桥塞，宜循环短起至井斜 30°以上，并检查捕屑器，分析和记录桥塞溶解情况。若可溶桥塞溶解性较好，无遇阻、通过率高，现场可根据情况调整短起的频次。

（7）复杂故障井包括但不限于套变井、井筒堵塞存在圈闭压力、井内有落鱼的井，磨铣作业时，磨鞋大小的选择，宜在待磨铣段最小通径的 90% 以上，适度控制钻压，根据实际情况调整短起频率。

（8）钻磨结束探得人工井底后，应在连油上喷漆标记最大钻磨深度位置。

（9）钻磨桥塞后洗井作业宜循环不少于 1 倍井筒容积，泵注排量应满足钻屑携带的要求。

（10）油嘴尺寸的选择应满足返出量略大于泵入量，差值宜为 100～150L/min。

十二、测试作业

（1）试气施工设计由试气工程技术服务部门（施工单位）组织编写，组织设计评审，负责设计的审核、审批，并报项目建设单位备案。

（2）建设单位（或总包方）向试油（气）队进行了安全技术交底，并提供了工程、地质、HSE 措施等相关交底资料，资料真实、准确、完整，技术设计交底记录经过承包商、建设方（或监督）岗位签字；试油

（气）队对其员工进行了安全环保（HSE作业计划书等）交底，施工方案（技术交底）有交底记录，重点清楚，措施具体。

（3）两相或三相分离器应配备相应级别的安全阀，应按照压力容器有关规定定期进行检验，安全阀应每年至少检测一次。

（4）一级节流管汇的油压进口应装测温装置，一级节流管汇前宜装相应级别的化学剂注入装置。

（5）测试管线出口和放喷口应至少安装两种有效点火装置和缓冲式燃烧筒。

（6）放喷、测试管线井口至节流管及各级节流管汇间，不小于35MPa的承压管线宜用专用法兰管线连接，其他小于35MPa的承压管线宜用内径62mm油管连接。

（7）孔板、临界速度流量计应安装上流、下流压力表和上流温度计，流量计下流平直管线内径不小于上流平直管线内径。

（8）捕屑器、除砂器应安装在井口与一级节流管汇之间，距离井口不小于10m，耐压级别不小于所选用的一级节流管汇级别。

（9）放喷排液需录取的资料应包括时间、放喷制度、油压、套压、喷出物情况等。

（10）求产应求得一个高回压下（即最大关井压力的80%～90%）的稳定产量数据，压力波动范围小于0.1MPa，产量波动范围小于10%视为基本稳定，稳定时间视产量大小定，按照SY/T 5440《天然气井试井技术规范》的规定执行。

（11）测试求产时应录取的资料：孔板直径（油嘴直径），油、气、水产量，气油比，油压，套压，流压，静压，压力恢复曲线，上流、下流压力，井口静温，井口流温，气层静温，气层流温，上流、下流温度，油、气、水样分析资料，pH值，Cl^-含量，累计油、气、水产量等。

十三、中途测试

（1）应编写中测施工设计，并按审批程序进行审批。

（2）钻井队应做好井筒准备，确保测试工具的顺利起下与坐封。

（3）测试作业队按设计要求，配齐所需工具、设备和仪器仪表，并调试、检验合格；对有硫化氢危害的施工井应配置硫化氢检测仪与防护设备。

（4）按设计规范安装地面流程，试压合格。

（5）测试过程中应有专人观察环空液面或套压情况，出现异常及时按处置措施进行处理。

（6）测试过程中应按设计要求将井口压力控制在管柱、井口和套管强度允许的承压能力范围内。

（7）测试过程中应配备点火装置或其他点火器材，测试管线出口保持长明火。

（8）测试过程中应按设计要求严格控制测试压差和测试时间。

（9）远程液动阀控制管线长度不小于 10m，无变形和破损；动阀开关正常，开关状态与挂牌一致。

（10）转向管汇及节流管汇按设计要求试压合格，压力等级符合设计要求，连接螺栓、闸阀开关灵活且有开关标识牌。

（11）热交换器阀门开关按设计要求进行试压，开关状态与挂牌一致，压力表、温度表安装、量程符合要求。

（12）分离器摆放位置距井口 15m 以上，压力表、温度表和泄压截止阀完好，压力容器检验合格证、安全阀检验合格证齐全。

（13）除砂器闸阀开关灵活且标识牌齐全、正确，砂筒、油嘴安装、运行符合设计要求，排砂管线出口接至安全地带，管线内径不小于 57mm，走向平直。

（14）井下测试管、工具柱符合设计要求，螺纹无破损，封隔器无刮伤，工具维修、保养和现场检查记录齐全，入井前进行现场功能试验。

（15）测试结束，应将井压稳后方可起钻。

十四、探塞（砂）面作业

（1）认真阅读井史，准确掌握井下数据（管柱结构、人工井底等）。

（2）准备好加深油管，要求下井油管螺纹完好，无结蜡、穿孔、弯曲、裂痕等。

（3）下井油管必须丈量两次，丈量误差不超过 0.2‰。

（4）检查校对好指重表，保证灵敏、准确、牢靠，探砂面前应试提原井管柱，校核好悬重。

（5）下探时，司钻操作要平稳，探塞管柱下至距离预计遇阻位置以上 30～50m 时，控制下探速度在 0.3m/s 以内，观察指重变化。探至遇阻位置加压 5～20kN，在方入根上打上明显印记，连探三次，数据一致，即为塞面深度 $H=$ 工具长度 + 下井油管累计长度 + 方入 + 油补距。

（6）2000m 以内的井深误差小于或等于 0.3m，大于 2000m 的井深误差小于或等于 0.5m，并记录砂面位置。

（7）如未到预计遇位置阻而遇阻，加压应不大于 20kN，上提无遇卡现象后再次下探，每下入 4～5m，上提 5～6m，确定无卡钻现象后继续下探。本次作业中进行了填砂作业的井，如在砂面以下 10～15m 处无遇阻，则应上提管柱至预计遇阻位置 50m 以上，待砂静沉或分析原因，不可盲目下探，以防卡钻。

（8）若为探砂面，则探得砂面后上提管柱 5～10m，严禁将管柱停放在遇阻位置上，若井内有出砂现象则应将管柱上提至油层顶部 30～50m 以上。

（9）严禁带封隔器或通井规等大直径工具探塞面。

（10）探水泥塞面、砂面、人工井底、鱼顶加压不超过 5～20kN；探桥塞塞面加压可根据设计要求确定，一般控制在 50～200kN 以内（可回收桥塞）。

（11）若中途遇阻，加压不超过 20kN，上提无遇卡现象后再次下探；如在预计遇阻位置未遇阻则应每下入 4～5m，上提 5～6m，确定无卡钻现象后继续下探。

（12）起下钻时井口装好防掉装置，严防井下落物。

十五、冲砂作业

（1）熟悉该井基础数据，包括地层压力系数、地层漏失情况、套管状态、人工井底、出砂层段及出砂程度、砂面位置、历次作业存在问题等。

（2）掌握冲砂设计要求，包括冲砂液性能（类型、密度）、液量、冲砂方式、冲砂排量、泵压等，冲砂液的用量以井筒容积的 2~3 倍计算，漏失量大的井根据现场漏失情况确定冲砂液的用量。

（3）配合施工车辆排气管安装防火罩，且距井口距离不小于 20m，并根据风向停于上风口。

（4）检查施工设备性能、工况完好，满足设计施工要求。

（5）高压区域设立警戒线，摆放高压安全警示牌，冲砂过程严禁人员进入高压区域。

（6）接正冲或反冲管线，试压至 20~25MPa，5min 不刺不漏为合格。

（7）水龙带必须拴保险绳，泵工作压力不得超过水龙带安全工作压力。

（8）冲砂管柱符合设计要求，禁止用 ϕ88.9mm 油管在 ϕ139.7mm 套管内冲砂，严禁带封隔器、通井规等大直径工具探冲砂。

（9）连续油管冲砂要求：连续油管车一套及试压合格的井口防喷装置一套，连续油管长度达到设计要求。

（10）配套连续油管冲砂的泵车一套，要求接头附件齐全。

（11）措施后出砂、套管破损、地层漏失或沉砂致密一般都采用正循环冲砂，冲砂管柱与套管环空间隙过小或复杂事故处理采用反循环冲砂，条件允许时反循环冲砂。

（12）探出砂面位置，上提管脚 2~3m，循环脱气，井筒平稳后缓慢下放管柱冲砂，冲砂时由专人观察出口返液情况，防止发生井喷或严重漏失造成砂卡、砂堵。

（13）冲砂尾管提至离砂面 3m 以上，开泵循环正常后均匀缓慢下放管柱冲砂，冲砂时排量应达到设计要求。

（14）冲砂时尽可能提高排量，下放速度 v 不大于 0.3m/s，禁止猛放。冲砂过程观察出口出砂情况，每冲完一单根后，洗井时间不小于 15min。

（15）绞车、井口、泵车各岗位密切配合，根据泵压、出口排量来控制下放速度。每次单根冲完必须充分循环，洗井时间不得少于 15min，控制换单根时间在 3min 以内。

（16）冲砂过程要定时测定返出口含砂、气，加深单根时含砂应保持3%以下，每冲完一单根后应定深冲洗一定时间（大于单根时间的1.5倍，以防沉砂卡钻），上提单根长度，停泵下放，方入无变化时方可加单根。

（17）接好单根，开泵循环至出口返液继续下放冲砂，连续冲砂超过5个单根时，要洗井一周方可继续下冲。

（18）ϕ139.7mm以上套管可大排量正反冲砂，改反冲砂前正冲应不小于30min，再将管柱上提6~8m，反循环正常后方可下放。

（19）冲砂施工中发现地层严重漏失，修井液不能返出地面时，应立即停止冲砂，将管柱提至原始砂面10m以上，并反复活动。可采用暂堵、蜡球封堵、大排量联泵冲砂、气化液冲砂或抽砂泵捞砂等方式继续进行。

（20）高压自喷井冲砂要控制出口排量，应保持与进口排量平衡，防止井喷。

（21）稠油井冲砂先替油洗井后冲砂，或冲砂后用原油彻底洗井；用原油冲砂时，温度不得低于20℃（冬季不得低于35℃）；高压自喷井冲砂，要控制进口、出口，以防井喷。

（22）冲砂至井底（塞面）或设计深度后，以400L/min以上的排量继续循环洗井；上提管柱20m以上，候沉时间不小于4h以上，严重出砂井沉砂期间将管脚提至原砂面20m以上。

（23）冲砂至设计深度后，应保持25m³/h以上的排量继续循环，当出口含量少于0.2%为冲砂合格，然后上提管柱至原砂面10m以上，沉降4h后复探砂面，记录深度。

（24）加深探得砂面深度与候沉前冲砂深度误差每1000m小于0.3m为合格。

（25）冲砂排量不小于350L/min，使上返速度大于砂粒的沉降速度。

（26）冲砂过程中途不能停泵，以免卡钻或砂堵管柱，若水泥车发生故障停泵，立即上提管柱至原始砂面以上10~20m并反复活动，以免卡钻。

（27）若修井机发生故障不能活动油管时，保持正常循环返出液无砂。

（28）加深管柱，探砂面以指重表悬重下降 20～30kN 为标准，连探两次确定砂面深度，探得深度与候沉前冲砂深度误差每 1000m 小于 0.3m 为合格。

（29）施工中严禁用大锤敲击带压冲砂管线，若需整改，在放压后进行。

（30）禁止用 ϕ88.9mm 油管在 ϕ139.7mm 套管内冲砂；严禁带封隔器、通井规等大直径工具冲砂。

十六、放喷作业

（1）按规范连接放喷流程，要求放喷管线为硬管线。

（2）按设计要求配备油嘴、油嘴套、拆卸工具、压力表、可燃气体检测仪、硫化氢气体监测仪、正压呼吸器、风向标和警示旗。

（3）禁止用阀门控制放喷；严禁无控制放喷，应根据井内管柱确定放喷方式（油管放喷、套管放喷、油套联合放喷），防止损害油层、套管和发生卡钻事故。禁止用阀门控制放喷，更换油嘴时应先关阀门，放空后再进行。

（4）视井口压力装合适油嘴，先油管后套管控制放压。油嘴大小的选择：$p \geqslant$20MPa，装 ϕ3mm 油嘴；20MPa$\geqslant p \geqslant$10MPa，装 ϕ4mm 油嘴；10MPa$\geqslant p \geqslant$5MPa，装 ϕ5mm 油嘴；$p \leqslant$5MPa，装 ϕ6～12mm 油嘴。在某一压力级内所选油嘴，以出口不见砂为合格，若出砂率不小于 3‰（体积比），则选用更小一级油嘴进行操作。

（5）放喷过程要根据液量等参数变化，及时检查油嘴完好程度，防止油嘴刺大，使放喷排液过程符合设计要求。

（6）控制放喷压力降至零时或根据设计的放喷总量及液性情况停止放喷，含砂量小于 0.3%。

（7）放喷时由专人不断检测井场内天然气及硫化氢浓度，如天然气浓度超标则迅速息车、断电、关闭出口阀门；设立警戒线，阻止过往行人、车辆进入危险区；如发现井场内有硫化氢气体，视浓度大小，采取相应的应急措施。

（8）更换油嘴时先关阀门放空后再进行，严禁敲击带压管线；换装油嘴时施工人员必须站在侧面，严禁正对出口；放压过程中如油嘴堵塞，必须将油嘴卸出油嘴套后清除堵塞物；以免高压流（气）体刺出伤人。高压油（气）井和自喷井的放喷，井场严禁使用明火，消防设施符合开工验收规定。

（9）放喷过程中凡进入井场车辆必须带防火罩且距井口距离不小于30m，并根据风向停于上风口。

（10）若放出物为气体，则在距井口50m以外顺风向点火燃烧。

（11）按设计要求定时取样、化验。

十七、带压作业

（1）施工前应组织所有相关单位参加带压作业技术交底和工作安全分析，并做好记录。核实井口装置，根据井口压力、井下管柱计算最大下压力、举升力、无支撑长度、中和点等工程参数。

（2）依据地质设计、工程设计提供的数据编制施工设计，重点对井身结构、井口装置、油管悬挂方式、井下管柱结构、管柱变径接头／工具内径、井口压力、流体性质等进行核实。

（3）施工设计应有举升力、下压力、无支撑长度、平衡点深度等参数的计算内容；安全无支撑长度不超过无支撑长度的70%。

（4）现场至少应设置两处满足不同风向的应急集合点，操作台、集合点、辅助作业机、放喷口附近等处应设置风向标。

（5）带压作业机额定下推力不低于预计最大下推力的1.2倍；提升系统最小举升力是预计最大上提力的1.4倍。

（6）采用独立式带压作业机时天滑轮底部到工作篮的桅杆高度应能够有效容纳管柱长度，以及安全阀、水龙头和最小1m的空高，采用辅助式带压作业装置作业时，配备的修井机井架（桅杆）的高度应满足起下管柱长度的需要。

（7）卡瓦系统应包括1套及以上的游动卡瓦组和1套及以上的固定卡瓦组，游动卡瓦和固定卡瓦对应的卡瓦宜有互锁功能。

（8）操作面板上的卡瓦控制、工作防喷器控制、环形防喷器、液缸等操作手柄都宜有锁定装置。

（9）气井作业液压动力源应配备低压警报系统。

（10）井口压力大于21MPa或含硫化氢的油水井及气井应配备剪切闸板防喷器。

（11）从油管头到带压作业工作防喷器组的所有连接应采用法兰连接。

（12）对于无接箍管柱，管柱外径不超过88.9mm，工作压力小于21MPa（3000psi），工作防喷器组至少应配置一个工作环形防喷器和一个工作闸板防喷器。

（13）起下油管接箍或大直径工具，不同规格的油管满足下列压力条件时，可以使用环形防喷器和下工作闸板防喷器交替工作倒出油管节箍或大直径工具操作：60.3mm外加厚油管，适用压力为14MPa以内；73.0mm外加厚油管，适用压力为12MPa以内；88.9mm外加厚油管，适用压力为7MPa以内；否则，应使用上下两个工作闸板防喷器交替工作倒出油管节箍或大直径工具。

（14）气井带压作业安全防喷器组及工作防喷器组的液压控制系统应单独配置；油水井带压作业安全防喷器组、工作防喷器组应能独立控制。

（15）油管内压力控制工具包括油管堵塞器、电缆桥塞、钢丝桥塞、单流阀、破裂盘等。

（16）应根据管柱内通径、井内压力、温度和流体性质及工艺要求选择油管内压力控制工具。油管内压力控制工具的工作压差不低于预计堵塞位置压力的1.25倍。

（17）10MPa以上的气井、21MPa以上的油水井，以及含硫化氢井应设置两个及以上的油管内压力控制工具。

（18）安全防喷器组液压控制装置应距气井井口不少于25m，距油水井井口应不少于10m。

（19）试压应按由下至上、由低到高的原则逐级试压，都应有试压记录。按预测最高井口关井压力的1.25倍试压，稳压10min，压降不大于0.7MPa为合格。

（20）操作台至少应配备一套逃生装置，逃生装置可以选择逃生杆、逃生带、逃生梯、载人吊车、高空逃生柔性滑道、柔性筒式逃生带等防火应急逃生装置。逃离井口到应急集合点的路线应不受任何障碍物的阻挡；操作台高度超过 7.0m 时，不宜采用逃生杆作为逃生装置。

十八、井口安装作业

（1）检查井口规格、压力等级符合设计要求。

（2）检查待安装井口出厂合格证、试压资料齐全。

（3）检查各配件的完好性，准备符合标准的引绳、钢丝绳套、保险吊卡、18in 扳手、井口螺栓专用套筒、24in 管钳、加力杠等工具。

（4）安装采油井口，先利用水平仪测套管头是否水平，检查套管头螺纹和采油树大四通底法兰及固定螺栓。

（5）安装底法兰短节时必须先将套管头擦拭干净、涂抹均匀润滑脂，对角抬底法兰平稳对扣，人力带紧底法兰螺纹后，用加力杠按要求扭矩上紧底法兰螺纹。

（6）安装井口四通时对准螺丝孔，下放四通座到底法兰平面，确认钢圈完全进入钢圈槽，测量四通水平，若不水平则配置异型钢圈，保持井口垂直，垂直度误差为 ±2°，与井筒同心度误差不大于 2mm，对角上紧螺栓，螺栓受力应均匀，螺栓安装齐全，上部螺栓平度高出螺母平面不多于 3mm。

（7）测算油补距。油补距 = 联入 – 套管升高短节高度 – 底法兰厚度 – 四通高度；油补距 = 套补距 – 四通高度，套补距、油补距校核误差允许为 ±5mm。

（8）换装压裂（酸化）井口，下压裂管柱至设计深度，拆换原井井口装置时，应自上而下分体拆除原井口装置，再自下而上分体安装好压裂井口装置。

（9）井口螺栓受力应均匀，螺栓安装齐全，对角紧固，不得少装；上部螺栓高出螺母平面不多于 3mm，所有手轮应在同一平面。

（10）对井口底法兰、四通高度发生变化的重新测算油补距。油补距 = 联入 – 套管升高短节高度 – 底法兰厚度 – 四通高度；油补距 = 套补距 – 四通高度。

（11）安装或拆卸井口防喷器，使用标准钢丝绳套挂在防喷器上部两侧丝杆护套处，液压小绞车上提或下放时，使用引绳牵引，吊至四通法兰上部 10cm 高度后，对角扶在防喷器两翼处对准螺丝孔，下放座到四通底法兰平面，拆卸时拉离井口侧面 3m 远处摆放整齐。

（12）割焊井口装置时，则先割去原井口装置，再焊上新的井口装置（动火时执行动火许可票制度的相关规定，并保证井口无油气显示）。

（13）套管壁较厚，可采用对接法割焊，薄皮或腐蚀严重的套管，应采用套接法割焊井口装置。

（14）安装井口时手不能直接放在端面处，以防夹伤。

（15）在倒换、安装各类井口作业中，严禁固定螺栓未完全拆除时进行起吊操作。

（16）在上卸任何物体时，严禁两个或两个以上物体同时进行交叉移动。

（17）防喷器、自封防喷器、气动卡瓦必须分体拆卸或安装，进行安装、拆卸时其他设施应平稳放置在安全处。

（18）将清理的杂物拉运至指定地点处理。

附录

附录一　工程监督工作日志模板

中国石油

中国石油 ×× 油田公司

　　　　　井（平台）　　　　监督日志

井　　别：_____
井　　型：_____
风险等级：_____
施工队伍：_____
监督单位：_____

工程监督：_____（　年 月 日—　年 月 日）
工程监督：_____（　年 月 日—　年 月 日）
工程监督：_____（　年 月 日—　年 月 日）
工程监督：_____（　年 月 日—　年 月 日）

监督日志填写说明

"监督日志"是工程监督信息管理的重要依据之一，是对工程实行质量、安全环保监督的必要资料积累。因此工程监督人员每天必须如实地填写。

（1）监督日志每口井一本，不得同时将多口井的资料记录在一本日志上，当天发生的事情应当天记录，不得后补，特殊异常情况应记录在案，确保日志的连续性和完整性。

（2）监督日志作为完整的工程跟踪资料，应反映工程施工过程中监督人员参与的工程进度、质量、安全环保等情况，对与之有关的问题在日志上如实、客观记录。

（3）日志记录内容包括但不限于工程施工情况、监督自身履职情况及检查的结果，日志填写应认真及时、字迹清楚、语句通顺、记录准确、用词规范、完整真实。

（4）基本工况栏填写：当日生产工况、进尺、层位岩性、周期等。工程质量、设计执行栏填写：对设计中各工序和施工材料的质量要求进行跟踪监控，如井斜、方位、钻井液性能等。井控、安全、环保管理栏填写：当日巡检情况。检查问题及闭环情况栏填写：当日检查问题（重点填写井控、工程质量及较大安全环保隐患问题）、整改期限、复查验证及闭环情况等。特殊工况栏填写：特殊施工（固井、电测、取心、下套管等）、井下复杂情况。其他工作栏填写：重点工作落实情况、生产建设单位指令执行、上级通知和领导到井的工作要求、监督下达指令及建议等。

日期	工程监督
基本工况：	
工程质量、设计执行：	
井控、安全、环保管理：	
检查问题及闭环情况：	
特殊工况：	
其他工作：	

附录二 工程监督交接班记录模板

工程监督交接班记录

时间			交班人		接班人	
交接班内容	井下情况	复杂事故及处理情况				
		HSE 执行情况				
		问题及下步安排				
	设备状况	井控设备完整性				
		固控设备				
		其他设备				
		存在问题				
	队伍状况	队伍素质				
		队伍管理				
		执行甲方及监督指令状况				
		问题及处理				
	资料交接	监督日志				
		监督设计书交接情况				
		上级领导指示				
		甲方通知记录				
		各种资料				
		甲方配备物品移交				
		现场问题整改情况				
		下一步工作安排				

审批单位： 审批人：

附录三　监督备忘录

监督备忘录
编号：GCJD/QHSE-

作业项目		工况	
作业单位		时间	

备忘录内容：

_____
_____
_____
_____
_____
_____
_____
_____
_____
_____
_____
_____
_____
_____
_____
_____
_____
_____
_____
_____
_____
_____

　　填写说明：本表由工程监督填写后发出，一式两份，第一联工程监督留存，第二联作业单位留存。

作业单位（签字）：_____　　工程监督（签字）：_____

附录四　监督建议书

监督建议书

井号：_____　　工况：_____　　施工单位：_____

建议内容：
施工方意见：

甲方监督：_____　　日期：_____
施工方接收人：_____　　日期：_____

附录五 问题整改通知单

问题整改通知单

编号：GCJD/QHSE-

生产建设单位：	作业单位：	作业名称：
检查人：	日期：	地点：
检查问题：			
作业单位确认签字：		时间：
整改要求：			
检查人签字：		时间：
闭环验证：			
验证人签字：		时间：

填写说明：本表由工程监督填写后发出，一式两份，第一联检查人留存，第二联作业单位留存。

附录六　问题整改回执单

问题整改回执单

作业单位：		作业项目：		
检查人：		检查时间：		
序号	问题	整改人	整改时间	整改结果
1				
2				
3				
4				
5				
6				
7				
8				
9				
10				
暂时不能整改问题的原因及防范措施：				
作业单位签字： 　　　　　　　年　月　日		监督签字： 　　　　　　　年　月　日		

附录七　监督指令书

监督指令书

编号：GCJD/QHSE-

作业项目		工况	
作业单位		时间	

指令内容：

　　填写说明：本表由工程监督填写后发出，一式两份，第一联工程监督留存，第二联作业单位留存。

作业单位（签字）：_____　　　工程监督（签字）：_____